스무살,
반야심경에 미치라

도올 김용옥 지음

통나무

목차

1장

프롤로그

인연 17

철학을 전공하다 18

광덕사로 가는 길 19

최초의 해후: 『반야심경』 밑씻개 20

첫 만남의 충격적 인상: 이것은 반불교다! 21

별당 용맹정진 22

소쩍새 울음의 신비 23

새색시의 인가 24

엄마의 공안 26

2장

한국불교의 흐름과 그 본질적 성격

진짜 중과 가짜 중 28

이순신 장군과 서산대사 29

임진왜란: 멸사봉공의 자비 31

영규대사: 최초의 육지에서의 승전 32

비겁한 유생들의 작태 32

선조와 서산대사의 인연 33

정여립은 정말 모반을 꾀했을까? 34

선조의 애·증 콤플렉스 35

적서지별이 망국지본이 되다 36

말 탄 서산을 끌어내리는 유생들 37

이순신을 도운 승군의 활약상. 유정의 위대한 마무리 38

유정의 눈부신 활약상도 제대로 기록 안됨 38

서산과 해남 대둔사 39

임진왜란과 승과 40

서산의 입적시 41

거시기와 예수, 거시기와 철학 43

서산과 삼가귀감 44

경허 송동욱 45

독경하고 싶거들랑 천자문부터 46

천자문 돈오 47

불교와 한학, 그리고 해석학적 방법론 48

경허의 죽음 49

계허와 만화 51

경허 동학사에 오다, 구척 장신의 강백 52

천안에서 만난 귀신 53

죽음으로부터의 도피 54

콜레라균의 19세기 역사 55

소독이라는 개념을 모르는 불행 56

해월과 경허, 그리고 윤질 콜레라 57

동학 전도의 비결: 콜레라 58

말로 설파한 생사일여, 정말 생사일여냐? 59

경허의 용맹정진 60

이 진사의 문안 62

천비공처가 없는 소 63

성우로 다시 태어나다 65

소와 고삐 66

고삐 없는 소: 자유자재의 해탈인 66

사람이 없다 68

무사지인 69

천장사 이야기 69

개울 건넌 이야기 70

방하착의 의미 75

조주의 방하저 76

예수와 경허 77

경허의 보임 78

1880년대의 조선민중의 처참한 생활 79

49재 고사 80

머슴살이 김 서방, 이 서방이 모두 부처님이외다 82

49재: 윤회사상과 적선지가, 향아설위 83

법문과 곡차 84

묘령의 여인과 경허 84

경허는 포폄의 대상이 될 수 없다! 이해의 대상일 뿐 95

만공과 동학사 야간법회 95

경허의 선풍이 20세기 조선불교를 지켰다 97

만공의 반왜색 항일투쟁 98

정화운동(1954~62)의 한계 98

명진의 이야기 100

마조와 은봉 105

안거 107

해인사 반살림 108

성철 스님의 입장 111

조선불교는 중국불교를 뛰어넘는다 112

한국의 불교는 선불교가 아니라 통불교이다 113

선불교: 인도불교의 중국화과정 114

선, 삼매, 요가 115

법상종이란? 116

댜나의 음역 속에 겹친 속뜻 117

교와 선, 이와 사의 구분은 있을 수 없다 118

임제 법문의 궁극적 의미 119

3

장

싯달타에서 대승불교까지

불교의 근본교리 121

삼법인 또는 사법인 122

행의 의미 122

연기 123

일체개고와 쇼펜하우어 124

일체개고의 문명사적 맥락 125

중동 사막문명의 테마: 죄 126

제2의 아담 127

제법무아 128

아트만 129

아트만이 없다=실체가 없다 131

열반적정 131

불교는 죽음의 종교 아닌 삶의 종교 132

불교의 알파 오메가 133

심리학과 무신론 134

무아의 종교 135

삼학과 사성제 135

유전연기와 환멸연기 136

팔정도와 삼학 137

불교사의 특징: 전대의 이론을 포섭하여 발전 139

지눌의 정혜쌍수 140

스님의 계 141

화두를 통해 득도할 수 없다 142

자기 삶의 화두만 유효하다 142

삼학과 삼장 143

싯달타라는 인간의 체질 144

성묵과 법담 144

반야란 무엇인가? 반야경의 이해 145

『8천송반야경』 146

『8천송반야경』의 산스크리트어 원전 147

『도행반야경』 147

월지국의 루가참의 기적 같은 번역 148

『8천송반야경』의 유일한 조형 149

『도행반야경』의 첫 3품 150

반야경의 성립은 대승불교의 출발 150

월지국은 어떤 나라인가? 151

월지국에서 쿠샨제국으로 152

쿠샨왕조의 성격: 포용적 문화, 불상의 탄생,
                                    대승의 기반 153

현장의 『대반야경』이라는 거질 154

확대와 축약 154

『반야심경』의 심은 무슨 뜻? 156

반야경과 도마복음서 156

『금강경』과 『심경』 157

반야경과 대승불교와 선불교 158

우리나라 선불교의 뿌리는 선이 아니라 혜이다 158

우리나라 민중의 선택: 공안이 아닌 『금강경』과 『심경』 159

『심경』의 기초개념 파악을 위한 통시적 시각 159

서가의 책을 덮고 쉽게 이야기합시다 160

"대승"이라는 용어에 대한 엉터리 이해들 160

버스와 자가용 세단 161

성문승, 독각승, 보살승: 보살의 의미 162

싯달타가 과연 왕자일까? 163

자기파멸의 길, 자기완성의 길 164

업, 윤회, 열반 164

성문·독각은 자기가 불타가 된다는 생각을 하지 않았다 165

아라한 166

전륜성왕 아쇼카의 등장 166

찬드라굽타가 개창한 마우리아왕조:
                    동서문명의 본격적 교류 167

결집 168

아쇼카왕 때의 제3차 결집 168

새로운 스투파문화 169

8만 4천 개의 스투파 170

기원의 문화 탑돌이, 개방된 성역의 형성 171

싯달타의 라이프 스토리 172

구라꾼, 보살의 등장: 승방정사에서 개방된 가람으로 172

탑이 있는 차이띠야, 보살가나의 등장 173

아쇼카에서 카니슈카로 174

부파불교시대까지는 부처님의 형상은 타부였다 174

스투파의 불감 175

대승불교는 초기불교와는 전혀 다른 성격 176

싯달타의 종교가 아니라 보살의 종교 176

재가자와 출가자의 구분이 없다: 삼보일체 177

난행도와 이행도를 다 포용 178

보살일승의 개방종교: 색신에서 법신으로 178

모든 인간은 보살이다: 불상존중＝나의 성불 178

기독교역사는 대승기독교를 허락치 않았다 179

반불교 반종교의 시작 179

『심경』의 8종 180

대본과 소본 181

구마라집『심경』번역본의 문제점 181

제목의 해설 185

6바라밀의 등장 186

바라밀의 해석 187

계율과 지혜의 길항성 188

결론적 성격 191

벼락경 192

아상을 버린다 194

般若波羅蜜多心經
반 야 바 라 밀 다 심 경
.... 197

4
장

『반야바라밀다심경』 주해

제1강 관자재보살에서 도일체고액까지 201

觀自在菩薩, 行深般若波羅蜜多時,
관 자 재 보 살　행 심 반 야 바 라 밀 다 시

照見五蘊皆空, 度一切苦厄。
조 견 오 온 개 공　도 일 체 고 액

관세음보살과 사리불 201

『금강경』의 형식과 『심경』의 형식 202

관세음보살은 중성이지만
　　　　　여성적 이미지가 강하다 203

관자재, 관세음의 뜻 204

관세음보살과 기자 이상호 205

관세음보살은 바로 너다 205

조견, 도, 일체고액 206

오온이란 207

식까지의 진화 208

제2강 사리자에서 역부여시까지 209

舍利子! 色不異空, 空不異色; 色卽是空,
사 리 자   색 불 이 공   공 불 이 색   색 즉 시 공

空卽是色; 受想行識, 亦復如是。
공 즉 시 색   수 상 행 식   역 부 여 시

관자재보살이 오온개공을 상설한다 209

오온의 가합인 나는 결국 공이다 211

공의 세계가 영성계라구? 개똥이다! 212

싯달타의 깨달음은 연기 하나! 213

제3강 사리자에서 부증불감까지 214

舍利子! 是諸法空相, 不生不滅,
사 리 자   시 제 법 공 상   불 생 불 멸

不垢不淨, 不增不減。
불 구 부 정   부 증 불 감

『심경』의 육불은 『중론』의 팔불중도가 아니다 214

『심경』은 진공묘유를 말하려는 것이 아니다 216

제4강 시고공중무색에서 무의식계까지 216

是故空中無色, 無受想行識, 無眼耳鼻舌身意,
시 고 공 중 무 색   무 수 상 행 식   무 안 이 비 설 신 의

無色聲香味觸法, 無眼界乃至無意識界。
무 색 성 향 미 촉 법   무 안 계 내 지 무 의 식 계

18계의 이해 217

불교인식론과 서양근세철학 인식론은 같은 계통 217

18계가 다 사라진다 219

제5강 무무명에서 무고집멸도까지 219

無無明亦無無明盡, 乃至無老死, 亦無老死盡。
무 무 명 역 무 무 명 진   내 지 무 노 사   역 무 노 사 진

無苦集滅道。
무 고 집 멸 도

12지연기와 4성제의 부정 220

공의 철학이 아닌 무의 철학 222

제6강 무지에서 무소득고까지 223

無智亦無得, 以無所得故。
무 지 역 무 득   이 무 소 득 고

총결론 223

우주론적 명제를 윤리적 명제로 224

법정 스님의 무소유 226

제7강 보리살타에서 삼막삼보리까지 227

菩提薩埵, 依般若波羅蜜多故, 心無罣礙。
보 리 살 타   의 반 야 바 라 밀 다 고   심 무 가 애

無罣礙故, 無有恐怖, 遠離顚倒夢想,
무 가 애 고   무 유 공 포   원 리 전 도 몽 상

究竟涅槃。三世諸佛, 依般若波羅蜜多故,
구 경 열 반   삼 세 제 불   의 반 야 바 라 밀 다 고

得阿耨多羅三藐三菩提。
득 아 녹 다 라 삼 막 삼 보 리

보리살타가 주어가 된다 228

공포와 몽상 229

동네 BYC내복상 대화 229

구경열반 233

무상정등각 233

제8강 고지반야바라밀다에서 진실불허고까지 234

故知般若波羅蜜多, 是大神呪, 是大明呪,
고 지 반 야 바 라 밀 다   시 대 신 주   시 대 명 주

是無上呪, 是無等等呪。能除一切苦,
시 무 상 주   시 무 등 등 주   능 제 일 체 고

眞實不虛故。
진 실 불 허 고

무등등주 235

도일체고액과 능제일체고 236

제9강 설반야에서 보리사바하까지 237

說般若波羅蜜多呪, 卽說呪曰:揭帝揭帝,
설 반 야 바 라 밀 다 주   즉 설 주 왈   아 제 아 제

般羅揭帝, 般羅僧揭帝, 菩提僧莎訶。
바 라 아 제   바 라 승 아 제   보 리 사 바 하

5
장

에필로그 240

참고문헌 242

1장 프롤로그

인연

나는 충남 천안시 대흥동 231번지에서 태어났습니다. 그리고 천안에서 초등학교를 나왔고 상경하여 보성중·고등학교를 다녔습니다. 그리고 1965년에 고려대학교 생물학과에 입학했습니다. 그러던 중 신병이 깊어져 학업을 중단하고 낙향을 했습니다. 낙향한 후로도 고생을 심하게 했는데, 그 고통스러운 가운데서도 천안의 고교생들을 상대로 영어성경을 강의했습니다. 나는 그때 신약성경(RSV영어성경판) 전체를 류형기 주석서와 함께 다 읽었고, 예수와 더불어 사도 바울이라는 인물을 만나게 되었습니다. 그리고 하나님의 뜻이 나를 목회자로 이끌고 계시다, 그래서 내 몸에 "가시"를 주셨다고 믿게 되었습니다. 나는 그 길로 부모님의 반대를 무릅쓰고 내 자신의 신앙과 판단에 따라 수유리에 있는 한국신학대학에 입학했습니다. 나는 그곳에서 정말 많은 배움을 얻었습니다. 우리 교계의 전설적인 학자들과 인물들을 많이 만났습니다. 그러나 1년 후에 나는 신학대학을 떠났습니다. 내가 부모님의 만류에도 불구하고 과감히 독자적 결단에 따라 신학대학을 들어갔다는 것과, 또 신학대학을 떠났다는 것, 이 두 결단이 오늘 사상가인 나를 만든 가장 소중한 체험이었습니다.

철학을 전공하다

나는 고려대학교 철학과에 다시 편입학하여 학업을 계속했습니다. 이미 삶의 깊은 고뇌의 체험을 통하여 자각적으로 선택한 철학의 길이었기 때문에, 내가 철학이라는 학문을 대하는 태도는 일반 철학과 학생들과는 좀 달랐습니다. 나의 주체적 삶의 체험 속에서 철학적 진리를 용해시키려고 맹렬하게 노력했습니다. 신학에서 철학으로 제가 문학問學(묻고 배우다)의 길을 바꾼 이유는 실로 매우 단순했습니다. 신학은 전제가 있는 학문이었습니다. 그러나 철학은 무전제의 학문이었습니다.

철학과 3학년 때의 일이었죠. 불교학개론은 이미 저학년 때 들었고, 3학년 때 노장철학과 대승불학을 들었습니다. 점점 불교학에 대한 이해도가 깊어져감에 따라 저는 이런 생각을 했습니다. 불교를 실제로 스님이 되어 체험해보지 않고서는, 제대로 이해할 수 없겠다는 생각이 들었습니다. 그래서 우선 한 학기를 휴학하고서라도 절깐에 가서 스님체험을 하고, 그것이 성공적으로 이루어지면 해인사로 출가를 하겠다는 결심을 한 것입니다. 1960년대 당시만 해도 우리나라에는 고풍스러운 절들이 엉성하게 방치되어 있는 곳이 많았습니다.

나는 고향 광덕면에 있는 광덕사라는 아름다운 절을 생각해냈습니다. 마곡사의 말사인 광덕사는 신라시대에 만들어진 고찰(진덕여왕 6년)인데, 조선왕조에 들어서서 세조가 이곳에 거동하여 대찰의 규모를 갖추게 되었다고 합니다.

광덕사로 가는 길

그러나 내가 갔을 때는 주지 스님도 안 계셨고 거의 폐찰에 가까울 정도로 쇠락한 모습이었습니다. 이 광덕사 주변이야말로 천안호도과자가 유명하게 된 그 호도의 원산지입니다. 호두나무가 꽉 들어차있는데, 호두나무잎에서는 매우 싱그러운 향내가 납니다. 그 냄새는 정말 좋아요. 그런데 더욱 신기한 것은 그 냄새를 모기가 싫어한다는 것입니다. 그래서 호두나무숲에는 모기가 없는 편입니다. 정말로 광덕사에는 모기가 적었습니다.

풍세면까지 버스를 타고 가서, 그곳에서부터는 풍세천을 거슬러 올라가는 천변길을 따라 걸어 들어가야 합니다. 그 길이 그렇게 아름다울 수가 없었어요. 주변에 풍요로운 농촌의 광경이 있고 그 사이로 풍성한 수량의 풍세냇갈이 흐르고 있습니다. 천안 부근에는 물이 박합니다. 오직 광덕면에만 수량이 풍부한 깨끗한 냇갈이 흐르죠. 한참을 걸어올라가다 보면 보산원국민학교가 있고, 조금 더 올라가면 아주 낭만적인 광경이 펼쳐집니다. 그곳에 유일하게 물레방아가 돌아가는 방앗간이 있었죠. 수량이 많아 힘차게 큰 바퀴가 돌아가고 있었고, 방앗간에는 끊임없이 공이가 오르내리며 곡식을 찧고 있었죠. 자연의 힘을 이용한, 그러면서 자연과 융화된 이런 문명의 예지는 참 아름다운 광경이었죠.

　나는 광덕사에서 내 멋대로 머리를 깎고, 스님옷을 입고, 스님생활을 시작했어요. 낭만적인 시절이었죠. 철학서적을 독파하며 틈틈이 좌선하는 시간을 가졌지요. 오가는 스님들과 재미있는 대화도 많이 나누었지요. 모든 것이 개방적이고 호의적인 시절이었죠.

최초의 해후: 『반야심경』 밑씻개

　어느 날 똥을 누느라고 변소깐에 무릎을 웅크리고 앉아있을 때였죠. 그때는 변소깐도 나무로 엉성하게 만든 것이고 퇴비 만든다고 아래가 다 터져 있었죠. 변을 보느라고 웅크리고 앉아있는데 이상한 문자들이 내 눈에 띄었어요. 밑씻개로 신문쪽지나 종이들이 어지럽게 널려져 있었습니다. 그 중 하나가 바로 『반야심경』이 쓰여진 종이쪽지였습니다. 나는 그때만 해도 『반야심경』이라는 게 뭔지 잘 몰랐습니다. 그것을 스님들이 염불로서 암송한다는 것은 알았어도, 그것이 진언이나 주구呪句와 같은 기호의 나열이지 그 자체로 의미를 전달하는 평범한 문장이 되고 있다는 것은 꿈에도 생각치 못했습니다.

　자아~ 이게 웬일일까요? 한 글자 두 글자, 센텐스 바이 센텐스, 주어, 동사, 부사, 형용사 따위를 맞추어가면서 그 뜻을 생각해보는 순간, 아니! 막연하지만 그 의미가 통달케 되면서 펼쳐지는 광막한 사유의 세계, 전 우주가 나의 의식권 내에서 기발한 춤을 추기 시작하는데 나는 정말 무지막지한 충격에 빠지고 말았습니다.

당시만 해도 나는 불교용어들의 정확한 의미를 몰랐지만, 한학의 소양이 있었던 나는 억지로라도 그 의미를 조합하고 추측하고 추론할 수 있는 능력은 있었습니다. 한 문장, 한 문장, 그 의미가 짚어지는 순간, 나에게 전달된 메시지는 나의 정신세계에 던져진 미증유의 파문이었습니다.

첫 만남의 충격적 인상: 이것은 반불교다!

여러분들께 나의 모호한 감성에서 부각되는 전혀 새로운 논리를 이 프롤로그에서 전달한다는 것에 관해 뭔가 뒤죽박죽이 된 느낌이 드는군요. 내가 이 책을 쓰게 된 동기는 다음과 같습니다. KBS 「도올 아인 오방간다」라는 젊은이들을 위한 특별한 프로그램을 하면서 젊은이들과의 소통이라는 주제의식이 강렬하게 부각되었습니다. 그래서 어떻게 해서든지 쉽게 책을 써야겠다는 결심이 섰습니다. 많은 내용을 전달하지 말고 간결하게 나의 견해를 밝히자! 이런 목표를 설정했습니다. 이 책은 기본적으로 『반야심경』 260자를 해설하기 위한 것입니다. 그러나 『반야심경』의 간결한 문자를 이해하기 위해서는 불교사의 방대한 지식이 필요합니다. 그래서 우선 제가 『반야심경』을 만나게 된 최초의 계기를 말씀드리는 것이죠. 그런데 저의 『반야심경』에 대한 최초의 느낌은 50년간 저를 지배한 학문적 탐구보다 더 원초적이고 강렬한 것이었어요. 나는 당시 무식하고 막연했지만, 그러기에 더 신선하고 충격적인 메시지를 절박하게 감지할 수 있었던 것입니다. 그것은 무엇이었을까요?

이것은 반불교다! 이것은 불교가 아니다! 이것은 불교의 모든 논리를 근본에서부터 파괴하는 전혀 새로운 논리다! 불교를 불교답게 만드는 모든 그룬트Grund(땅바닥, 근거, 기초)를 파멸시키는 다이나마이트다! 아니! 불교라는 종교가 도대체 어떻게 돼먹은 종교냐? 종교가 반종교의 논리를 자기의 최상의 언설로서 모시고 있다니!

나는 그날로 그 밑씻개 『심경』쪽지를 밥풀을 가져다가 변소깐 앞쪽에다 붙여놓고 매일 궁둥이를 까고 앉아 그 『심경』을 연구하는 데 골몰했습니다. 나는 거의 3개월을 이렇게 『심경』과 함께 보냈습니다. 그것이 갓 스물 어린 나에게 던져진 최초의 공안이었고 화두였고 고칙古則이었습니다. 그것은 나의 "변소깐 용맹정진"이었죠.

별당 용맹정진

대웅전 뒤로 산허리에 높게 자리잡은, 웅장한 세 부처님을 모셔놓은 별당이 있었는데(그 전각의 이름은 기억이 나질 않습니다), 실상 당시에 별당은 대웅전보다도 더 고취가 풍기고 더 웅장하고 더 아름다웠습니다. 그런데 당시 이 별당에는 드나드는 사람이 거의 없었습니다. 그 별당이야말로 나의 전유물이 되고 말았죠. 매일 청소를 하고, 하루종일 시간이 나는 대로 앉아 용맹정진을 했습니다. 쌍가부좌를 틀다가, 반가부좌를 번갈아 틀다가, 일어나서 걷다가 하면서 하루종일 좌선을 했지요. 스님들에게 좌선하는 방법을 배웠지요. 좌선의 당면한 목적은 일단 사유를 없애버리는 것입니다. 그런데 이렇게 말해주더군요. 콧구멍에 장미꽃잎을 대어도 그것이 흔들리지 않을 정도로 천천히 숨을 내쉬고 들이마셔라! 그리고 숨쉬는 것을 카운트해라! 하나 둘 셋 넷 다섯! 그렇게 숨 쉬는데 모든 정신을 집중하니까 정말 놀라운 일이 일어나더군요. 정말 사유가 안돼요. 느리게 숨 쉬는 것에 의식을 집중하면 생각이 안 돌아가요. 아니 정말 생각이 사라져요. 그리고 모든 신체적 기능이 다운되는 것 같아요. 하여튼 초보자에게 제일 좋은 것은 숨을 느리게 카운트하는 것이었습니다. "변소깐 용맹정진"은 완벽한 혜慧의 세계였고, "별당 용맹정진"은 완벽한 정定의 세계였습니다. 아무도 가르쳐주질 않았는데 나의 광덕사 스님생활은 "정혜쌍수"가 적막한 대자연 호두나무향기 속에 자연스럽게 이루어지고 있었습니다.

소쩍새 울음의 신비

이렇게 3개월쯤 지난 어느 날 밤이었습니다. 나는 잊지 못할 체험을 했습니다. 나는 매일 밤, 별당에 촛불을 켜놓고 앉아(당시 물론 전기가 그곳에 들어오지 않았습니다) 좌선을 했습니다. 한밤중에 홀로 거대한 세 부처님 좌상 앞에서 좌선을 하는 영광이랄까 유아독존이랄까요? 일종의 포만감, 고독감, 정결한 느낌, 뭐 그런 것들이 어린 나를 휘감았습니다. 정말 열락悅樂이 따로 없었어요.

어느 날 밤 늦게까지 제가 쌍가부좌를 틀고 오지게 정진을 할 때였습니다. 갑자기 쌍가부좌를 튼 몸이 쌍가부좌를 튼 채로 부웅 뜨는 것이었습니다. 서서히 공중으로 부양을 하는 것이었습니다. 점점 올라가더니 가운데 부처님 얼굴 앞까지 올라갔습니다. 그런데 부처님이 살아움직이더라구요. 그리고 부처님과 대화를 나누었습니다. 나는 그 대화의 내용을 지금 기억하지는 못합니다. 그리고는 UFO비행접시가 내려앉듯 서서히 땅바닥으로 내려앉았습니다. 신비로운 체험이었습니다. 하체가 완전히 마비되는 데서 오는 환각이라고도 생각했지만 본인에게는 신비로운 체험임이 분명했습니다. 부처님과 댓거리를 했으니까요.

그리고 법당을 나섰습니다. 그때 나는 내가 살고있는 세계가 이토록 아름다울 수가 있는가, 바람소리 하나, 호두 이파리 하나, 구름에 가린 달의 모습, 검푸른 계곡에 서린 곡신谷神, 그 모든 것이 아름다웠습니다. 너무도 정갈했습니다. 그때 저편 산 속에서 소쩍새가 울더군요. 그런데 그 소쩍새의 울음이 완전히 내 가슴속에서 울려퍼지는 거예요. 내 마음과 경境이 하나가 된 그런 신비로운 느낌을 느껴보았습니다. 소쩍새가 내 가슴속에서 운다! 아주 진부한 메시지일 수도 있지만 그 당시 나에게는 절대적인 다스 하일리게das Heilige(성聖), 그 이상의 의미가 있었습니다. 나는 그날 매우 깊은 잠을 잤습니다.

새색시의 인가

그 다음날 아침, 나는 바지는 중옷을 입고, 윗도리는 흰 난닝구 하나 걸친 채로 별당과의 반대편으로 나있는 계곡(안산으로 올라가는 계곡)을 올라갔습니다. 그 계곡에는 당시 화전민들이 농사를 짓고 살았는데, 계곡 아래쪽에 서너 채가 있었고 꼭대기에 또 서너 채가 있었습니다. 그런데 그 중간에 한 채의 매우 정감이 서린 초가집이 있었습니다. 그곳을 올라가려면 반드시 들를 수밖에 없는 집이었죠. 남서향에 툇마루가 반듯하고 볼 때는 부엌이 옆으로 있는 전형적인 초가집이었어요. 저는 그곳 툇마루에 앉아 있었어요. 그런데 부엌에서 아주 인상이 밝고 젊은 새색시 같은 여인이 나오는 거였어요. 아마도 시

집온 지 얼마 안 되는 그 집 며느리 같았어요. 그런데 저를 보자마자 대뜸 이렇게 말하는 것이었어요.

> "원 세상에, 어떻게 스님이 이렇게도 잘도 생기셨을까? 전 스님
> 처럼 잘생긴 사람 처음 봐요."

사실 우리나라 사람들의 통상적인 관념 속에서 젊은 여인이 이러한 말을 한다는 것은 매우 특이한 예지요. 여기 "잘생겼다" 하는 것은 나의 골격을 두고 하는 말이 아니었어요. 나에게서 풍겨 나오는 많은 느낌에 압도적인 그 무엇이 있었던 것이죠.

그 여인은 바로 부엌으로 들어가 방금 찐 감자 서너 개를 들고 나왔습니다. 그리고 나 보고 드셔보라고 하는 것이었어요. 저는 그것을 손수건에 싸고 툇마루에서 일어섰습니다.

> "가봐야겠습니다."

> "몸조심하세요. 큰 스님 되실 거예요."

나는 그 순간 더 이상 "성철 스님의 인가"가 필요없다고 생각했습니다. 그리고 어젯밤에 있었던 일을 생각했습니다. 나는 지극히 평범한 아낙에게 지고의 오도경지를 인가 받았노라! 그렇게 생각했습니다. 지금까지도 이 생각만은 변함이 없습니다.

　나는 그 길로 짐을 쌌습니다. 그리고 스님생활을 청산했습니다. 나는 승복을 입고 옛 스님들이 쓰던 큰 삿갓을 눌러 쓰고 광덕사를 나섰습니다. 그리고 풍세천을 걸어나왔습니다. 그런데 사람들이 저에게 다 공손하게 절을 하는 거예요. 꼬부랑 할머니들까지! 이때 나는 우리나라에 불심이 깊은 사람들이 얼마나 많은가, 조선문명의 여파를 절실하게 느껴보았습니다. 풍세에서 천안까지 시외뻐스를 탔고, 천안에서 서울까지 그때 갓 개통이 된 한진고속뻐스를 타고 올라왔습니다. 그리고 신촌, 어머니가 계신 집까지 승복을 입은 채 달려왔습니다.

　우리 어머니는 평생을 기독교에 헌신한, 새벽기도를 하루도 거르지 않았다고 하는 독실한 기독교인, 아니 심오한 신앙인이었습니다. 그런데 과연 나의 모습을 어떻게 생각하실까, 걱정이 태산 같기도 했습니다. 신촌집 철대문 앞에서 두근거리는 가슴으로 초인종을 눌렀습니다. 철컥 문이 열렸습니다. 나는 들어섰습니다. 그곳에는 화단으로 올라가는 계단이 있었습니다. 화단에서 손질을 하시던 엄마가 그 계단 위에서 계시는 것이었습니다. 불시에 나타난, 승려가 다 된 듯이 보이는 아들의 모습! 얼마나 놀라셨을까?

　엄마는 빙그레 웃으시면서, "용옥아! 왔구나!" 그 말씀만 하시는 것이었습니다. 엄마의 눈에는 아들 용옥이만 보였지, 승복은 보이지 않았던 것입니다. 나는 그 순간 종교보다 인간이 중요하다는 것을 깨달았습니다. 또 하나의 대오大悟였지요. 제도화 된 종교의 규범은 인간에게 덮어씌워진 겉껍데기라는 것! 껍데기는 가라! 나는 그 체

험을 통하여 목사의 옷도 벗었고 승려의 옷도 벗었습니다. 그리고
무전제의 철학의 길만을 고집하며 여기까지 달려왔습니다.

2장 한국불교의 흐름과 그 본질적 성격

진짜 중과 가짜 중

요즈음 가깝게 지내는 도반道伴(길을 같이 가는 사람)으로서 명진明盡이라는 스님이 있습니다. "진짜 중"이지요. 스님에 대해 진짜다 가짜다 이런 말을 쓴다는 것 자체가 불경스러운 일이고, 또 그런 분별심의 기준이 과연 어디에 있는가를 따지기 시작하면 이야기가 좀 어려워집니다. 그러나 "진짜다" "가짜다"라는 말을 할 수 있는 상식적 기준은 명백하다고 생각합니다. 요즈음 세상에 하도 가짜 중, 가짜 목사, 가짜 무당, 가짜 교주들이 많기 때문에 내가 어렵게 얘기를 하지 않아도 "가짜"가 무엇인지는 일반대중이 더 먼저 정확히 알아요.

나는 결코 스님의 정신적 경지의 고하高下를 가지고 가짜다 진짜다라는 말을 쓰지는 않아요. 그것은 스님의 내면에 관한 것이고 결코 타인이 함부로 평점을 내릴 수 있는 것이 아니기 때문이죠.

　내가 명진을 "진짜 중"이라고 말한 것은 아주 단순한 이유에서 그렇게 말한 것입니다. 한국불교, 특히 조선왕조시대의 불교는 너무도 정치적으로, 사회적으로 핍박을 받았기 때문에 고려제국시대의 막강한 불교의 모습에 비해, 매우 빈약했고 빈곤했습니다. 그러나 그만큼 순수했고 순결했습니다. 수도자들의 생활자세(계율관)나 깨달음의 경지가 매우 깊이가 있었습니다. 요즈음처럼 스님이 가사를 입고 마음대로 사대문 안을 활보한다는 것은 조선시대에는 상상도 할 수 없었죠. 도첩제도로 인해 승려의 출입이 엄격히 제한되어 있었습니다. 임진왜란이라는 말할 수 없이 참혹한 국난의 와중에서 이 나라를 구한 사람을 꼽으라고 하면 독자 여러분은 물론 이순신 장군을 생각할 것입니다.

이순신 장군과 서산대사

　물론 그의 활약상은 인류의 전쟁사에서 가장 눈부신 기적적 대첩으로 기록될 만한 위대한 것입니다. 비슷한 시대의 엘리자베스여왕　때 영국의 제독들이 스페인의 막강한 무적함대를 무너뜨린 것보다도 더 극적이고 통쾌한 전승이었습니다("무적함대Grande y Felicísima Armada"라 해봤자 130개의 배로 구성된 것이었고, 스페인측의 총 전사자는 2만 명 정도였다). 그러나 이순신의 활약상은 어디까지나 바다 위에서 펼쳐진 것이죠. 물론 이순신의 제해권은 육지로 올라간 왜군들의 보급을 차단시키는 효과가 컸기 때문에 해전의 승리는 육지의 싸움에 직접적인 영향을 주었습니다. 그러나 기실 이순신 장군과 똑같은 무게를 지니는 명장

으로서 우리가 기억해야 할 또 하나의 인물이 있습니다. 바로 서산대
사라는 분이지요.

이순신의 승전기록은 이순신 본인의 일기를 비롯하여 역사적으로
많은 기록에 의하여 보존되어 있지만, 서산대사와 승군의 활약상은
우리에게 별로 알려져 있지를 않습니다. 육지에서 우리 군대가 왜군
에게 형편없이 깨진 이야기는 많이 알려져 있지만, 승군의 활약으로
왜군이 여지없이 제압된 이야기들은 충분히 밝혀지고 있지를 않습니다.
역사의 기록자들은 다 유생들이었습니다. 유생들은 실제로 전투에
참여할 수 있는 아무런 수단이 없었습니다. 그들은 당파의 파벌의식
에만 얽매여 국가의 대의를 돌보지 않고 자파의 정치적 이익의 옹호
에 골몰했습니다. 자파의 우월을 과시할 수 있는 의병조차 조직할 능력이
전무했습니다. 의병은 당파와 무관하게 일어난 것입니다.

기실 선조 시대의 조선왕국에는 정규적 "군대"라 할 만한 프로
페셔널한 조직이 없었습니다. 조선 전기에는 소위 "병농일치제"라
는 막연한 논리에 의해 군역이 충당되었습니다. 그러니 농사짓는 장
정들을 속성으로 훈련시켜 군복을 입혀놓은들, 그들이 전쟁을 수행
할 만한 대오를 형성할 수 없었습니다. 그러니까 프로페셔널한 전투
경험을 지닌, 센코쿠지다이戰國時代를 거친 일본의 사무라이집단과는
상대가 될 수 없었습니다.

이러한 시대적 분위기에서 이순신 장군이 단기간 내에 막강한 전투
조직을 쌩으로 창조해낸 이야기는 여러분들이 상식적으로 이해하는

"명장"의 이야기가 아닙니다. 그는 스스로의 힘으로 외롭게 그의 지도력과 민중의 지원에 의하여 함대와 해군의 놀라운 위용을 갖추어 냈던 것입니다. 그런데 이런 스산한 분위기에도 예외적인 사례가 있었습니다. 조선 전기를 통하여 내내 핍박과 멸시를 받아오던 스님들의 조직이 엄존하고 있었던 것이죠.

임진왜란: 멸사봉공의 자비

스님들은 출가자이기 때문에 우선 가족에 얽매이지 않습니다. 그리고 스님들은 산사에서 살면서 호랑이도 맨손으로 때려잡을 수 있는 무술과 날랜 체력을 갖춘 사람들이 많았습니다. 좌선과 무술은 같은 정신수양방법입니다. 그리고 스님들은 계율을 지키는 사람들이기 때문에 특별한 조직력이 있었고, 상하명령계통이 매우 질서있게 움직일 수 있는 조건을 갖추고 있었습니다. 그리고 선禪의 수행은 영활한 정신력을 길러줍니다.

스님들에게 가장 큰 문제는 "불살생不殺生"이라는 계율이겠으나, 기실 대규모 살생을 목적으로 남의 나라를 침범하는 왜군을 죽이는 것은 살생이라는 개념에 해당될 수가 없습니다. 선종의 교리로 본다면 죽이는 자나 죽임을 당하는 자나 모두 공空일 뿐, 오직 더 큰 살생을 막는 헌신이 있을 뿐이죠. 스님은 기본적으로 민중의 시주에 의하여 살아갑니다. 그런데 그 민중이 살해당하고 있는 현실 속에서 가장 시급한 문제는 민중을 보호하고 구해야 하는 업무입니다. 시주施主를 보호하는 것이야말로 스님들의 자비행慈悲行인 것입니다. 왜군을 쳐부수는 것이야말로 스님들의 멸사봉공滅私奉公의 자비였습니다.

영규대사: 최초의 육지에서의 승전

최초의 승군은 무술에 탁월한 실력을 갖춘 충남 공주사람 영규靈圭 대사였습니다. 계룡산 갑사에서 출가했고, 휴정休靜(=서산대사) 문하에서 법을 깨우친 큰 인물이었습니다. 임진왜란이 일어나자 의분을 참지 못하고 3일을 통곡하고 승병을 조직합니다. 그리고 스스로 승병장이 됩니다. 승군 800여 명을 이끌고 청주로 진격하여 청주성을 탈환하는(1592. 음8.1) 최초의 육지에서의 승전을 기록합니다. 조선에서 가장 강한 장군으로서 명성이 자자했던 삼도순변사三道巡邊使 신립申砬 대장이 탄금대에서 배수진을 치고 끝까지 사력을 다해 분투하다가 자살하고만(1592. 음4.28) 슬픈 이야기를 기억하는 민중들에게, 영규대사의 청주탈환이야기는 환호작약할 수밖에 없는 희소식이었습니다.

이 청주대첩을 보고하는 실록의 기사를 보면, 승군의 디시플린이 당대의 군인들과는 비교도 할 수 없는 경지를 과시하고 있었음을 알 수 있습니다: "영규가 호령하는 것을 보면 광풍이 이는 듯하며 그의 수하에 감히 어기는 자가 없고, 질타·격려하는 소리에 1천여 명의 중들이 돌진, 여타 군대 또한 이들을 믿기에 두려움이 없었다.""호령이 엄하였고 곧바로 전진할 뿐 퇴각함이 없이 한마음으로 싸웠다. 청주의 왜적은 승병이 아니었으면 물리칠 수 없었다"운운.

비겁한 유생들의 작태

이토록 찬란한 전과를 기록한 승군과 영규대사의 활약상을 보고하면서도 유생들은 이들에게 상이나 주고 빨리 환속還俗시키라고 권고합니다. 다시 말해서 승군의 조직력이 두려운 것이죠. 그러한 조직을 격려하고 합심하여 국난을 국복해야 할 절체절명絶體絶命의 시기에 승군이 어떤 정치세력을 형성할까봐 두려워하는 것이죠.

청주성의 회복은 임진왜란 전체 전세에 엄청난 영향을 주는 결정적 호운의 기세였습니다. 왜군들은 청주에서 서남으로 곧바로 내려가 호남곡창지대를 장악할 계획이었습니다. 만약 승군이 청주를 탈환하여 그 계획을 무산시키지 못했다고 한다면, 이순신의 해군도 호남의 지지기반을 상실함으로써 무기력하게 되었을 가능성이 큽니다. 그 후 의병장 조헌趙憲, 1544~1592과 합세하여 충청도 지역방위의 핵심적 길목인 금산을 탈환하는 전투에서도, 조헌이 영규 스님의 말을 잘 들었더라면 그토록 참혹한 손실을 초래하는 일은 없었을 것입니다. 조헌은 율곡의 제자로서 대단히 훌륭한 인물이었습니다만 전체적 형세파악보다는 명분을 앞세우는 맹목적 돌진형의 전투를 했습니다. 영규 스님은 그러한 무리한 공격보다는 현명한 전략에 따라 상대방을 교란시키는 순차적인 공격을 해야 한다고 했습니다. 그러나 전투에 있어서조차 리더십은 스님에게 있지 않고 유생들에게 있었습니다. 조헌이 무리한 돌진을 감행하자 영규 스님은 그것이 무모한 짓이라는 것을 알면서도 같이 돌진하여 적에게 막대한 타격을 입히면서 장렬하게 산화하고 맙니다(1592. 음8.18).

선조와 서산대사의 인연

영규 스님이 거느린 승병 800여 명이 금산전투에서 거의 전원 용감하게 전사함으로써 끝내 금산을 탈환하고야 만 처절한 상황을 보고받은 선조는 승군이야말로 국가수호의 효율적인 방편이 될 수 있겠다는 것을 깨닫게 됩니다. 당시 선조는 평양성까지 내버리고 북쪽 국경지대인 의주로 도망가 있었습니다. 그래서 당시 전국 스님들의 존경을 한몸에 받고 있던 묘향산의 휴정休靜 서산대사西山大師(묘향산의 별명이 서산이다. 묘향산에 오래 머물렀기에 서산대사라고 불렀다. 휴정이 그의 법명이다. 속명은 최여신崔汝信, 완산 최씨)를 의주로 부릅니다. 휴정은 이미 그때 나이가 73세였습니다. 선조와 서산대사는 그 전에 안면이 있었습니다. 서산대사는 3년 전 정여립모반사건에 연루되어 의금부에 갇혀있었던 적이 있었습니다. 정여립鄭汝立, 1546~1589은 전주 사람인데, 선조 2년(1570) 식년 문과 을과에 2등으로 급제하여 이율곡, 성혼과 같은 당대의 석학들에게 각별한 후원과 촉망을 받은 매우 천재적인 인물이었습니다. 정여립은 서인들과 가깝게 지냈는데 무슨 연유인지는 잘 모르지만 서인들에게 등을 돌리고 동인들과 친하게 지내게 되었고 서인들에게는 배신자라는 낙인이 찍히게 됩니다. 그래서 낙향하여 살게 되는데 그 주변으로 많은 지사들이 운집하게 됩니다. 하여튼 진안 죽도라는 곳에서 서실을 짓고 강론을 하면서 대동계를 조직하여 무예를 연마하곤 했습니다. 정여립은 직설적이고 격정적인 성격 때문에 선조에게 깊은 미움을 산 것 같습니다.

정여립은 정말 모반을 꾀했을까?

정여립이 과연 국가를 전복시킬 만한 혁명의 모의를 했을까? 그 진정한 명분은 무엇이었을까? 하여튼 정여립의 모반사건은 베일에 싸여 있습니다. 조선왕조의 역사에서 그 왕조체제에 대한 근원적인 의문을 제기한 인물임에는 틀림이 없는 것 같습니다. 정여립사건으로 인해 일어난 1589년 기축옥사로 1천여 명의 쟁쟁한 인물들이 도륙

당했습니다. 진실로 전라도 사람들에게는 이처럼 터무니없는 비극이 없었습니다. 동인으로 분류되는 사람들에게는 정말 날벼락이었죠.

선조의 애·증 콤플렉스

여러분들이 잘 아는 시인 정철이 이 기축옥사를 주도했는데 너무도 가혹하게 사람들을 죽였습니다. 이 난리통에 어느 스님이 서산대사 또한 정여립사건에 가담했다고 하면서 대사가 쓴 싯구절 하나를 증거로 제출하면서 무고를 합니다. 요즈음과 비슷하지요. 어디엔가 쓴 글귀 하나를 트집잡아 "빨갱이"라고 때려잡는 식이죠. 그런데 기묘한 일이 벌어집니다. 선조가 대사의 시를 읽고 감동을 받아 서산대사를 즉시 석방하고 어전으로 모셔다가 극진한 예우를 합니다. 하여튼 선조는 오묘한 인물이죠. 이순신도 이름 없던 인물인데 선조가 발탁하여 급승진하게 하여 임란 직전에 전라좌도수군절도사에 이르게 했죠. 선조가 아니었으면 이순신의 눈부신 활약은 불가능했습니다.

그런데 자기가 세워놓은 인물이 나라를 위해 헌신적으로 위대한 공을 세우자, 그를 미워하고 의심하고 모함에 귀를 기울이고 심지어 죽이려고 합니다. 선조의 애·증 콤플렉스는 아주 특별한 것입니다. 병리적 수준이라 아니 말할 수 없어요. 왜 그랬을까요? 그 이유는 아주 단순합니다. 이순신을 국민들이 구국의 영웅으로 존경하기 때문이죠. 국민의 마음이 왕인 자기에게보다 이순신에게 쏠리는 것을 못 참아 하는 것이죠. 한마디로 소갈머리가 없는 것이죠. 가슴이 좁은 거예요. 왕이라는 절대권력자의 입장에서 자기가 발탁한 인물이 너무도 잘하고 있는데 그에게 질투심을 느낀다? 이거 참 이상하죠? 자기는 전쟁의 혼란을 수습하지도 못하고 도망만 다니고 있는데, 이순신은 적을 정면으로 대항하여 모조리 패퇴시키고 있다! 국민들이 자기에게는 돌팔매질을 해대는데, 이순신에게는 한없는 경복敬服의 심사를 지닌다! 못 참을 일이었죠.

적서지별이 망국지본이 되다

혹자는 선조의 옹졸한 마음이, 조선왕조 왕위계승역사에 있어서 그가 최초의 서자(전대의 왕인 명종은 후손이 없었다. 그래서 그 전 왕 중종의 서손庶孫인 하성군河城君이 왕위에 올랐다. 하성군이 바로 선조이다)라는 특이성, 그 불안감에서 유래되었다고 보기도 하죠. 동학운동의 리더인 해월 선생은 적서지별嫡庶之別(적자와 서자의 구별)은 망가지본亡家之本이요, 반상지별班常之別(양반과 상놈의 구별)은 망국지본亡國之本이라고 말씀하셨는데, 적서의 차별은 왕가 내의 분위기에도 엄청난 스트레스를 안겨주었나봐요. 하여튼 선조는 매우 영민한 사람이었고, 학식도 뛰어났고, 또 글씨도 잘 썼어요. 서산대사의 품격을 알아보고 그를 선대善待한 것이 국난을 당해 큰 도움을 얻게 된 것이죠.

선조는 의주에서 서산(휴정)을 만난 후, 서산에게 곧바로 "팔도십육종선교도총섭八道十六宗禪教都摠攝"이라는 직함을 하사합니다. 그리고 고려가 망하면서 폐지되었던 승통僧統제도를 부활시킵니다. 다시 말해서 승군僧軍의 조직이 정식적인 국가조직으로서 인정받을 수 있는 권위를 획득하게 된 것이죠. 서산대사가 팔도도총섭이 되어 의승義僧의 총궐기를 호소하니 순식간에 전국에서 5,000여 명의 승군이 조직되었다고 합니다. 서산대사의 역량이 얼마나 대단했는지를 알 수 있지요. 서산대사는 의승군을 거느리고 명군明軍과 합세하여 평양성을 탈환하고 서울을 탈환하는 데 결정적인 역할을 합니다.

말 탄 서산을 끌어내리는 유생들

지금 조선시대의 불교가 얼마나 고난의 길을 걸었는가, 그리고 그 고난 때문에 얼마나 순결한 선가禪家의 맥을 이었는가 하는 것을 말하려다 이야기가 곁가지로 흐르고 말았는데, 이런 에피소드도 있습니다. 서산대사가 서울이 수복된 후, 서울의 치안을 돌보기 위하여 궁궐 밖에서 승군들과 함께 왔다갔다 하면서 분주히 일을 하고 있었는데, 서산은 당연히 이미 74세의 노구에 병까지 얻은 상태였기 때문에 말 위에서 지휘를 하고 있었습니다. 그런데 조신들이 그 앞을 걸어가면서 비위가 몹시 상했던 것 같습니다. 자기들은 말도 못 타고 걸어가면서 서산대사를 치켜 올려다 볼 수밖에 없었으니까요. 그래서 사헌부에서 상소를 올리기를, "휴정은 오직 방자한 마음만을 품어 많은 추종자를 거느리고 앞뒤에서 호위하게 하는가 하면, 심지어는 말을 타고 궁문 밖에 이르러서는 걸어가는 조신朝臣들을 만나도 거만스레 벼슬아치나 재상의 체통을 보입니다. 조금도 중다운 태도가 없으니 추고하여 엄히 다스리도록 명하시어 후일을 징계하소서"라고 터무니없는 악담을 늘어놓습니다(『선조실록』 26년 5월 15일 무진戊辰 기사). 말을 타고 궁궐 안으로 들어간 것도 아니고, 국가를 위기에서 탈출시키기 위하여 엄청난 희생을 감수하면서 왕이 안전하게 환궁하도록 준비작업을 하는 과정에서, 도총섭으로서 당연히 해야 할 일을 한 것뿐인데, 이렇게 당대의 무위도식하는 벼슬아치들은 모함만을 일삼고 있었습니다.

이순신을 도운 승군의 활약상. 유정의 위대한 마무리

이순신이 그 처절한 명량해전을 치를 수 있었던 것도 조직력과 희생을 불사하는 탁월한 정신력을 갖춘 승군의 도움이 없이는 불가능했습니다. 뿐만 아니라, 7년 동안의 참혹한 전화 후에도 그것을 마무리 지을 수 있는 능력이 국가에 거의 전무한 상태였습니다. 전후에 복구대책이나 방비사업도 서산대사의 수제자인 사명대사 유정이 주도하였고, 일본에 가서 토쿠가와 이에야스까지 만나고 조선인 3천여 명을 귀환시키는 대사업을 마무리 지은 것도 유정이었습니다.

실제로 3,500명 정도의 조선인 포로를 귀환시킨다는 문제가 얼마나 방대한 국가 대 국가 규모의 사업인가, 그것은 일본측의 극진한 성의와 외교적 예우가 없이는 근원적으로 이루어질 수 없는 이례적 사건이었습니다(일본측 자료에 의거하면 3차에 걸쳐 7,500명 정도가 돌아갔다고 한다). 이 엄청난 사건을 계기로 정식외교사절단인 조선통신사가 주기적으로 에도막부를 방문하여 많은 문화적 교류의 성과를 냅니다(조선통신사의 행렬은 1회에 500명 정도의 조선의 다양한 인재들이 참여하는 대규모 국가행사였다. 1회 행렬의 전 여정이 8~10개월이 걸렸다. 에도막부시대를 통해 12번의 조선통신사가 왕래하였다).

유정의 눈부신 활약상도 제대로 기록 안됨

사명대사 유정의 이러한 엄청난 외교적 성과도 유신들의 시기 때문인지 『선조실록』에 언급조차도 없습니다. 참 치사한 놈들이지요. 『수정선조실록』에나 간단히 실렸을 뿐이지요.

하여튼 서산대사는 선조가 무사히 서울로 환궁한 후(선조 26년 10월), 곧바로 모든 관직을 내던지고 다시 묘향산으로 돌아갑니다. 의승군의 지속적인 관리는 유정, 처영處英 등에게 맡기고 세속에서 떠납니다. 건방지게 관복 입고 말 타고 다닌다고 씹어대는 벼슬아치놈들의 꼬락서니를 더 이상 보고 싶지 않았겠지요. 떠나는 서산을 선조는 붙들지 않습니다. 떠나는 서산에게 선조는 "국일도대선사선교도총섭부종수교보제등계존자國一都大禪師禪教都摠攝扶宗樹教普濟登階尊者"라는 존호尊號를 내리고, 정2품 당상경堂上卿의 직위를 주지만, 서산에게는 하찮은 일일 뿐이었습니다. 서산은 그 후로도 11년을 더 살고 묘향산에서 좌탈합니다(결가부좌를 틀고 앉은 채로 영면). 그때 남긴 시가 유명하지요.

서산과 해남 대둔사

서산은 살아있을 때, 해남 대둔사(대흥사)를 여러 번 간 것 같습니다. 말년에도 노구를 이끌고 갔던 것 같습니다(세부적인 일정기록이 남아있지 않지만 이 지역을 많이 다닌 것은 확실하다. 나는 대둔사도 간 것으로 추정한다). 그리고 입적하는 그날 아침 제자들에게, "내가 죽은 뒤 내 의발衣鉢(법통의 상징)과 주상이 내린 교지를 해남현 두륜산 대둔사에 보관하게 하고, 제사를 주관케 하라"는 유언을 남겼다고 합니다. 그래서 영·정조 시기에 대둔사에 휴정, 유정, 처영 대사를 모신 표충사가 건립됩니다.

임진왜란 때 목숨을 바친 무명의 승려들, 이순신이나 유생들은 후손이 있어 제사라도 모시지만 후손이 없는 이 무명의 승려들의 고혼은 지금까지도 흠향을 받지 못하고 중천을 떠도는데, 그럴 수 있냐 해서 해남 대흥사에 국내사찰로서는 최대규모의 목조건물인 "호국대전"을 짓고 있다고 합니다(내가 이 글을 쓰는 2019년 시점). 국민들이 보다 적극적인 관심을 가져야 할 것이고, 반드시 서산대제는 국가제향으로 봉행되어야 할 것입니다.

임진왜란과 승과

사실은 "진짜 중" "가짜 중" 얘기를 하다가 이야기가 여기까지 흐르고 말았는데, 하여튼 조선불교의 대맥은 서산이 승통을 일으키면서 무시할 수 없는 위력을 과시하게 됩니다. 사실 의승군에 기꺼이 목숨을 바친 스님들의 열렬한 소망은 단 하나였습니다. 임진왜란이라는 국난을 계기로 해서라도 승과가 부활되어야 한다는 것이었습니다. 다시 말해서 유생들에게 교육과 출세의 길로서 주어지는 과거시험과도 같은 승려들의 과거시험(승과僧科: 고려시대에는 승려가 국사가 될 수 있는 존엄한 국가제도로서 존속되었다. 조선시대에 폐지되었다가 명종 6년에 부활됨. 그러나 문정왕후가 죽으면서 다시 폐지된다)이 부활되기를 갈망했던 것이죠. 선조야말로 이 승과를 부활시킬 수 있는 명분을 가지고 있었던 유일한 왕이었습니다.

그러나 선조는 "의리가 없는 인물"로서 유명합니다. 선조가 승과를 부활시켜 다시 종교세력으로 인한 골머리를 썩일 리 만무하지요. 그래도 선조가 살아있을 때까지 스님들은 승과의 부활을 갈망했지요. 그러나 끝내 선조는 자기 치세기간 동안 그토록 많은 덕을 봤던 불교에 대해서 아무런 일을 하지 않고 죽었습니다. 그러나 선조가 승과를 부활시키지 않은 것은 결과적으로 우리나라 불교를 순화시키는 데 큰 도움을 주었습니다. 종교가 제도화되고 권력화되고 세속화되는 것은 결국 타락을 의미하지요.

서산의 입적시

서산은 하나의 승려로서, 하나의 사상가로서 매우 심오한 인물이 었습니다. 그가 입적할 때 쓴 시만 보아도 그 인격의 깊이를 알 수가 있습니다. 그가 입적할 때(선조 37년[1604] 정월 23일) 묘향산 원적암 圓寂庵에는 엄청나게 많은 제자들이 시좌하고 있었습니다. 그런데 그가 가장 아끼고 사랑하던 제자 유정惟政과 처영處英 두 사람은 그 자리에 있을 수가 없었습니다. 그래서 두 제자에게 후사를 부탁하는 글을 따로 써놓았습니다. 그리고 대중들에게 설법을 했습니다. 그리고 설법을 마치자 자기의 영정影幀(초상화)을 가져오라고 했습니다. 그리고 그 그림걸개 뒷면에다 이렇게 썼습니다. 입적의 순간에도 이러한 적멸송을 쓸 수 있는 정신력이 참으로 놀랍습니다. 나도 죽는 순간에 이런 시 한 수 쓰고 깨끗하게 말똥말똥한 정신으로 세상을 하직할 수 있다면 얼마나 좋을까, 그런 생각을 해봅니다.

팔십 년 전 거 시 아
八十年前渠是我

팔십 년 후 아 시 거
八十年後我是渠

불가에서는 이런 시를 정확히 해석하려고 하지 않아요. 애매하게 번역하거나 그럴듯하게 흐려 버리고 말거든요. 그 경지만 적당히 맛보라는 얘기겠지요. 하긴 한국불교의 대맥을 운운한다면 원효-지눌-서산의 세 봉우리를 논할 수밖에 없는데, 최후의 찬란한 노을의 광채가 담긴, 이 서산의 생애의 모든 것이 압축되어 있는 시를 해석한다는 것이 여간 쉽지는 않을 겁니다. 그러나 문의文義는 매우 간단합니다.

여기 "팔십 년"이라는 것은 물론 서산 본인의 인생살이 전체를 가리키는 것이겠지요. 그가 죽었을 때 85세였으니까요. 그가 오도송을 쓴 것은 18세 때였구요. 여기 "거渠"라는 말은 한문에 있어서 당·송대의 구어체에서 쓰던 말로서 현대 백화의 "타它, 타他"에 해당되는 의미입니다. "그것"이라는 뜻이니, 우리말로 하면 "거시기" 정도라는 뜻이 가장 근접하게 그 복합적 의미를 잘 나타낼 것입니다. 그럼 한번 번역을 시도해볼까요?

> "팔십 년 전에는 거시기가 난 줄 알았는데,
> 팔십 년을 지나고 보니 내가 거시기로구나!"

아주 간단하고 간결한 명제입니다. 자기 자신의 화상畵像을 놓고 하는 말이니 거시기는 객체화된 "자기Ego"를 말하는 것이겠지요. 나의 모습이 나의 밖에 객체客體로서 걸려 있는 것입니다. 즉 자기인식이 자기 "밖"에 있었다는 것입니다. 그런데 죽을 때가 되어 철들고 보니 여기 살아있는 나가 곧 거시기, 즉 거시기는 주체적인 나의 투영일 뿐, 영원히 살아있는 실상은 나일 뿐이라는 것입니다. 한번 이

"거시기"를 부처님으로 바꾸어놓고 생각해보죠! 어렸을 때 불문에 들어와 구도자로서 행각을 시작할 때에는 부처님은 항상 저기 연화좌 위에 앉아있는 거시기(그 무엇)였습니다. 나 밖에 있는 초상화 같은 것이었죠. 이제 열반에 들려고 하는 마지막 순간에 생각해보니, 이 죽어가는 내가 곧 부처요, 80년을 살아온 이 나가 곧 싯달타였다(八十年後我是渠)라는 것이죠.

거시기와 예수, 거시기와 철학

거시기를 "예수"로 바꾸어 놓고 보아도 똑같습니다. 보통사람들에게는 십자가에 못 박힌 예수의 상이 신앙의 대상으로서 거시기화 되어 있는 것입니다. 그러나 신앙의 궁극에 도달한 자는 깨달을 것입니다. 예수가 나의 숭배의 대상이 아니라, 내가 곧 예수라는 것을 깨닫는 것이죠. 내가 곧 십자가를 멘 예수가 될 때에만이 그리스도(=구세救世)의 의미가 완성되는 것입니다.

서산이 말한 거시기를 "철학"으로 바꾸어놓고 생각해봐도 동일하죠. 제가 철학과를 들어갔을 때는 물론 "철학philosophy"을 공부해야겠다고 생각했고, 철학자가 된다고 생각했어요. 철학자가 된다는 것은 저 거시기 초상화가 걸려있듯이, 도상화 될 수 있는 객관적인 사상체계, 그림화 될 수 있는 언어의 건물을 완성하는 작업이라고 생각했어요. 저도 인생을 이제 팔십 고개를 바라보며 생각합니다. 철학은 나의 언어의 걸개그림(=거시기)이 아니라 지금 살아 숨쉬는 나의 삶, 이 삶이 곧 나의 철학이다. 한마디로 거시기 철학은 없는 것이죠.

서산과 삼가귀감

서산은 참으로 위대한 인물이었습니다. 나는 어렸을 때는 서산이 원효나 보조 지눌에 비해 좀 지력이 떨어진다고 생각했어요. 그런데 요즈음 생각이 바뀌었어요. 서산은 수행자로서도 탁월한 인물이지만 매우 심오한 사상가이기도 합니다. 선禪·교敎 양면을 깊게 통달한 사람입니다. 그는 『선가귀감禪家龜鑑』 『유가귀감儒家龜鑑』 『도가귀감道家龜鑑』이라는 책을 썼는데, 나는 대학교 4학년 때 이 책들을 원문으로 다 통독을 했어요. 그리고 나는 그 당시는 그다지 깊은 인상을 받지 못했어요. 우선 책의 내용이 너무 소략하다고 느꼈죠. 그런데 나이가 들고 여러 번 읽으면서 서산은 진정으로 유·불·도 삼가三家를 회통會通한 대사상가라는 것을 알게 되었습니다. 그의 간결한 언어 속에는 무궁한 진리가 들어있습니다.

하여튼 조선 중기에 서산과 같은 큰 인물이 스님들의 구심점이 되었다는 것은 우리나라 불교문화의 행운이 아닐 수 없습니다. 서산은 태고보우太古普愚의 7대손이며, 또 서산 밑에서 사명유정四溟惟政, 1544~1610, 편양언기鞭羊彦機, 1581~1644, 소요태능逍遙太能, 1562~1649, 정관일선靜觀一禪, 1533~1608의 4대 문파가 법통을 이었습니다. 그 이후의 모든 조선 스님들의 법맥은 서산을 떠나지 않습니다. 서산이야말로 일시적으로나마 승통을 부활시켰고, 살아 정2품의 직위를 받았으니 향후의 조선불교는 서산의 품을 떠날 수가 없는 것입니다. 그러나 그러한 외관과는 달리 그 내면이 심오했다는 것이 조선불교의 축복입니다.

경허 송동욱

조선조 말기에 서산의 맥을 이은 자로서 참으로 존경스러운 한 국불교의 거목이 한 분 태어납니다(편양언기 계열이다). 경허鏡虛, 1849~1912라는 문제인물로 인해 조선불교의 선풍이 크게 진작되게 되죠. 경허는 헌종 15년(1849년 기유己酉: 일지一指는 1846년 병오丙午설을 주장. 나는 방한암의 「선호경허화상행장先呼鏡虛和尙行狀」을 따른다) 전라북도 전주 자동리子東里에서 여산 송씨 두옥斗玉을 아버지로, 밀양 박씨를 어머니로 해서 태어났는데 분만 후 사흘 후에나 울음이 터졌다고 합니다. 다음 해는 헌종이 죽고, 강화도에서 나무꾼 노릇을 하던 강화도령 이 원범이 왕위에 오르죠.

이 강화도령 철종의 시대야말로 우리민족이 근대를 준비해야 할 중요한 시기였음에도 불구하고 국정이 방치되어 부패와 부조리가 만연하였습니다. 안동 김씨 시파계 일문의 독재로 세도정치의 온갖 병폐가 극심해지는 그런 시기였습니다. 경허의 아버지 송두옥은 너무도 가혹하고 너무도 억울한 탐관오리 세금착취에 홧병을 참지 못하고 경허(=동욱東旭) 나이 8세 때 세상을 뜨고 맙니다. 평소 깊은 불심을 지닌 어머니 밀양 박씨는 두 아들을 모두 출가시키고 자신도 불문에 들어가 공양주보살로 살 생각을 합니다. 이렇게 해서 경허는 아홉 살 때(1857년) 경기도 시흥 청계산(서울구치소가 있는 그 산골로 깊게 들어간다) 청계사 계허桂虛 스님 문하에 들어가 행자생활을 시작합니다.

동욱이는 몹시 영리했고, 기골이 강해 건강했고, 무한한 지적 호기심이 있었습니다. 계허 스님은 인품이 좋은, 덕의로운 사람이었으나 학식이나 선경이 높은 사람은 아니었습니다. 그래서 실제로 동욱이의 향심을 만족시킬 수 있는 그런 스님은 아니었습니다. 그러나 계허는 동욱의 지적 성장에 중요한 계기들을 만들어주었습니다. 우선 행자 동욱에게 예기치 못했던 행운이 닥칩니다. 우연히 "박 처사"라고만 알려진 백면서생 한 명이 휴양차 청계사에 머물게 된 것입니다. 문학 聞學(학문의 본 뜻)에 뜻을 둔 사람에게는, 어린 시절 바로 지적 꽃망울 이 탁 터지려고 할 때, 바른 선생, 큰 스승을 만난다는 것처럼 큰 행 운은 없습니다.

독경하고 싶거들랑 천자문부터

밥 짓고 나무하고 청소하고, 행자생활을 열심히 하면서 절깐 생활 에 익숙해져 가는 동욱은 나는 언제나 중이 되려나, 언제나 큰 스님 처럼 저렇게 염불을 근사하게 할 수 있으려나 하고, 틈이 나는 대로 대웅전 옆문에 귀를 바짝 대고 서서 스님 염불소리를 주의 깊게 귀 담아듣곤 했습니다. 그 선망의 발돋움은 참으로 순결한 것이었죠. 그 런데 어느 날 그 모습을 지켜보던 공양주보살이 와서 말을 겁니다.

"아니 동자 스님, 법당문에 귀를 바짝 갖다 대고 뭘 하시는 거예요?"

"아~ 우리 스님 독경하시는 걸 잘 들어두었다가 나도 하려 구요."

"원 참 동자 스님두, 아~ 독경이야 글로 배우셔야지, 귀동냥

가지고 배워지나요?"

"글로 배우다니요?"

"거 왜 있잖아요. 하늘 천 따 지 하는 천자문만 떼도 독경은 식은 죽 먹기예요."

"천자문은 어떻게 배우나요?"

"거 왜 있잖아요. 저 객실에 글공부하시는 박 처사님 모르세요? …… "

천자문 돈오

사실 경허라는 인간에게 있어서 이 순간이야말로 스님의 거창한 오도송보다 더 위대한 "깨달음"의 순간이었습니다. 성철당이 말하는 돈오돈수보다 더 돈頓한 개안의 순간이었죠. 어린 경허는 박 처사라는 사람 밑에서 체계적으로 문자수업을 받게 됩니다. 박 처사는 당대 조선유학의 정통을 잇는 대학자였던 것 같습니다. 어쩌면 경허라는 인간에게 가장 중요한 만남은 이 유학자와의 만남이었을 겁니다. 경허는 이 박 처사 밑에서 사서삼경은 물론 『사기』『한서』『후한서』, 그리고 『노자』『장자』 등의 도가경전까지 다 배우게 됩니다. 경허가 짧은 시간에 이것을 다 통달했다고는 말할 수 없으나(그가 청계사에 머문 것은 5년 가량이다) 어린 시절에 이러한 유경儒經이 있다는 것을 알고, 제대로 된 스승 밑에서 배웠다는 사실만으로도 엄청난 자산이 되는 거죠.

우리나라 스님들의 대체적인 특징이 체계적 지식을 무시한다는 겁니다. 학식이 부족하다는 것이 아니라, 학문의 기초적 방법론에 접할 기회가 너무 없었던 사람들이라는 것이죠. 스님들은 자신의 무지를 "알음알이를 갖지 말라"는 등의 막연한 소리로 가려버립니다. 우리나라 스님들 중에는 물론 공부를 많이 한 스님도 적지 않아요. 외국 가서 박사를 땄다 하고 국내에서도 유수한 대학을 나온 사람이 많아요. 그러나 내가 말하는 지식의 무시는 이런 학식과 관련이 없어요. 학식을 가져도 학식을 얻게 되는 과정, 그 엄밀한 방법론에 관한 것이죠. 한자로 쓰여졌다고 해서 그것이 다 한문이 되는 것은 아닙니다. 우리나라에 학식이 높다는 스님들도 그들의 불경에 대한 지식이 매우 기초적인 어휘나 문법, 다시 말해서 신택스나 세멘틱스적인 분석능력을 근원적으로 결하고 있는 경우가 많아요. 다시 말해서 사전 하나, 출전 하나를 제대로 찾을 줄을 모르는 것이죠.

불경이 아무리 한자로 쓰여졌다고 해도, 그것이 한문인 이상, 그것은 엄연한 한학의 소양 위에서만 구성될 수 있는 의미체계인 것입니다. 다시 말해서 한학의 에이비씨를 모르고서는 결코 불경의 에이비씨도 제대로 알 수 없다는 것이죠. 한학의 에이비씨를 안다는 것은 한문, 즉 고전중국어Classical Chinese의 기초어휘를 형성하고 있는 경전들을 달통해야만 하는 것입니다. 다시 말해서 사서삼경, 더 본격적으로는 십삼경 전체에 대한 폭넓은 지식이 없이는, 불가적 내용을 표현한다 할지라도 제대로 된 한문의 능력을 구사할 길이 없습니다. 정통한학의 길을 걸어온 사람들의 눈에는 스님들의 지식이라고 하는 것이 정말 초라하게 보일 수도 있어요. 참 딱한 일이죠. 다시 말해서 기초가 빈곤해서 생겨나는 현상들이죠.

경허의 죽음

이 점에서 보면 19세기 후반, 20세기 초를 산 경허의 삶은 돋보이는 것이 있지요. 바로 경허처럼 단단한 학식, 그것도 한학의 기초를 다진 스님은 거의 없었다는 것이죠. 경허는 세칭 이단비도異端非道의 스님, 막행막식의 선승처럼 이해되고 있지만 경허처럼 무서운 학승이 없고, 그의 싯구에 담긴 한학의 소양은 그저 흉내만 내는 스님들의 화려함이 미칠 수 없지요. 경허가 64세(1912년) 함경도 삼수갑산 도하동 어느 글방에서 홀로 쓸쓸하게 죽어갔을 때, 그의 수제자 중의 한 사람인 만공滿空이 이렇게 읊었어요.

> **천화향심마처거**
> 遷化向甚麼處去
>
> **주취화면와**
> 酒醉花面臥
>
> 아~ 우리 선생님이 가셨다니
> 어디로 가셨을꼬
> 아~ 술에 취해 꽃밭에 반드시 누워계시겠지

물론 경허는 술 먹는 것도 마다하지 않았어요. 그러나 여기 술에 취했다 하는 것은, 경허 실존의 무서운 고독을 나타내는 말이지요.

중생의 미망으로 자신을 끌어들이기 위해 마신 방편의 술이며, 꽃밭
또한 스스로 선택한 가시밭길을 가리키고 있어요. 운명한 시신의 저
고리 속에 이런 글귀가 있었다 해요.

삼수갑산장곡리
　　　三水甲山長谷裡

비승비속송경허
　　　非僧非俗宋鏡虛

고향천리무인편
　　　故鄕千里無人便

별세비보부백운
　　　別世悲報付白雲

삼수갑산의 깊은 계곡 속에
중도 아니고 속인도 아닌 송경허라는
놈이 누워있을 것이다
그리운 고향은 천리길이나 되고
소식 전할 인편 또한 없도다
이 세상을 하직했다는 슬픈 소식일랑
저기 떠 있는 저 흰 구름에 띄우노라

　너무도 소박한, 스님의 내음새가 전혀 나타나지 않는, 자기 일생의
느낌을 다 담은, 참으로 맑은, 우리나라 우전차와도 같이 향기로운
임종시입니다.

계허와 만화

계허 스님은 동욱이가 박 처사 밑에서 글공부를 한다는 것을 알고도 말하지 않았어요. 자기가 가르칠 능력이 없으니 모르는 체한 것이죠. 계허 스님은 동욱의 향학열을 막고싶지는 않으셨을 거에요. 보통 스님들 같으면 "아~ 이놈! 속가의 알음알이를 익혀서 사람 버리겠다" 하고 몽둥이를 들 것입니다. 그러나 동욱이의 한학 경지가 높아지는 것을 감지한 스님은 동욱이가 스님이 안되고 한학자가 될까봐 두려워, 자기의 도반으로(어릴 때 금강산 건봉사乾鳳寺에서 동문수학한 친구였다. 건봉사는 고성군에 위치) 당대 최고의 강백이었던 계룡산 동학사東鶴寺(계룡산 동쪽 자락에 있으며 서쪽 자락에 있는 갑사甲寺와 함께 계룡산을 대표한다)의 만화萬化 스님에게 동욱이를 보냅니다. 동욱이는 청계산에서 동학사까지 도대체 얼마나 걸리는 거리인 줄도 모르고 계허 스님의 서찰과 여비, 주먹밥, 보살이 챙겨 준 시루떡·누룽지를 창호지에 말아 걸망에 넣고 무작정 나섭니다.

계허는 허술하게 보이지만 진실로 위대한 스님이었어요. 동욱이를 청계산에서 내보내면서 자신도 퇴속할 결심을 하지요. 동욱에게 말합니다: "내 아무리 생각해봐도 나는 불도를 이루고 중생을 제도할 그런 그릇이 못 되는 것 같다. 그래서 내 결심하기를 부처님께 더 이상 죄를 짓기 전에 환속하여 늙으신 부모님께 그동안 못한 효라도 할까 한다. 박 처사가 수차 이르기를 천리마가 제자리를 못 찾아 똥구루마나 끌고 있는 형국이라 하니, 너는 부디 만화 스님 밑에서 제대로 배워 대강백이 되어 중생을 제도하는 큰 인물이 되어라."

경허가 천리길을 걸어 동학사에 당도한 것은 1862년 바람결이 쌀쌀한 늦가을이었습니다. 만화 스님은 몇 마디 건네보고 동욱이가 진실로 큰 그릇임을 알아차리지요. 만화 스님은 아낌없이 동욱에게 불교경전의 묘리를 다 가르칩니다. 동욱이는 『능엄경』, 『대승기신론』, 『금강경』, 『화엄경』, 『묘법연화경』, 우리나라 불교의 소의경전이며 대승의 교리를 집대성한 『원각경』, 선문의 공안을 집대성한 『선문염송』 등을 다 깨우치고, 강원의 대교과大敎科에 이르는 4단계의 교육과정을 예리한 기억력과 한학의 소양에 힘입어 가장 우수한 성적으로 모두 마칩니다. 경허가 동학사에서 공부하기 시작한 지 9년째, 스물세 살의 경허는 기골이 장대한 청년이 되었고, 학승으로서, 그리고 경지가 깊은 선승으로서 두루 모자람이 없었지요(보통 경허를 "구척九尺"이라 표현하는데, 정확한 치수를 알 수는 없다. 키가 1미터 90 이상인 것 같다. 공자를 연상케 하는 거구의 사나이였다). 만화 스님은 위대한 결단을 내립니다. 경허를 자기 대를 잇는 수좌강백으로 선포하기에 이릅니다. 1871년부터 경허는 동학사의 강백이 되어 이름을 떨칩니다. 그의 『금강경』 강론은 너무도 유명하여 사방에서 스님과 신도들이 몰려들었고, 동학사 강원에는 70명이 넘는 학인들이 늘 가득차 있었습니다. 그의 강론은 명료했고 심오했으며 구세의 열정에 가득차 있었습니다.

1879년, 서른한 살이 된 경허는 불현듯 환속한 스승 계허 스님을 찾아뵙고 싶은 생각이 일었습니다. 만화 스님께 허락을 구하였습니다. 만화 스님은, 비록 환속했지만 경허를 알아보고 키운 최초의 인물이 계허요, 또 다 성장한 경허가 스승을 잊지 못하고 찾아뵙겠다는 삶의 자세가 기특하여 기꺼이 허락하지요. 더구나 계허는 그의 친구였습니다. 경허는 동학사를 가뿐한 걸음으로 나섭니다. 처음 동학사 문간에서 부들부들 떨고 서있던 것이 14살 때의 일이었습니다. 그 후로 17년 만에 동학사를 나서는 것이죠. 당대 조선 최고의 강백이 되어!

천안에서 만난 귀신

혼자 터덜터덜 발걸음을 재촉하여 천안 풍세면 근방에 이르렀을 때였습니다(한문표기로는 "豊歲"라고 하는데 우리는 어릴 적부터 "풍새"로 발음). 갑자기 천둥벼락이 치고 억센 비바람이 휘몰아치면서 날이 저물었습니다. 광풍을 피하기 위해 어느 집 대문 앞 추녀 밑에 서있다가 아무래도 그칠 비가 아니라서 하룻밤 신세를 질 요량으로 그 집 대문을 두드렸습니다. 두드려도 두드려도 인기척이 없다가 한참 후에나 빼꼼 집 대문이 열렸어요.

"이보시오, 이보시오, 문 좀 열어주오."

"아니, 도대체 누구간데 이 빗속에 대문을 두드리시오?"

"예, 저 지나가는 객승이온데 ……"

말이 끝나자마자 문을 쾅 닫고 빗장을 지르면서 빨리 가버리라고만 소리 지르는 것이었습니다. 처음엔 너무 황당했지만 뭔가 속사정이 있겠지 하고, 다음 집 대문을 두드렸으나 쌀쌀한 반응이 다 비슷했습니다. 그렇게 10여 가호를 방문했으나 도무지 하룻밤 신세질 수 있는 가능성은 없어보였습니다. 세상인심이 이토록 각박할 수 있나

하고 한탄해봤자, 도무지 비바람은 계속 휘몰아쳤고 어찌 해볼 도리가 없었습니다.

어느 집 대문을 부숴져라 세차게 두드렸는데 나이가 지긋한 분이 문을 열었습니다.

"이 어둠 속에 대체 뉘시오?"

"저어 지나는 객승이온데 하룻밤 비를 피해 유했으면 합니다."

"허어~ 이 스님이 큰일 날 소리하시는구려. 살고 싶으면 냉큼 도망치시오."

"아니 제가 뭘 어쨌다고 그런 야박한 소리를 하시오?"

"이 보시요 스님, 나는 지금 스님에게 야박한 소리를 하고 있는 게 아니오. 이곳은 도무지 스님이 머물 곳이 아니란 말이요. 이 동네 전체가 호열자 귀신에게 씌워서 집집마다 시체가 즐비하고 시체를 거둘 사람도 없어요. 산 사람의 동네가 아니고 죽음의 동네란 말이오. 송장이 되고 싶지 않거들랑 빨리 이 동네에서 될 수 있는 대로 멀리 도망치시오!"

죽음으로부터의 도피

호열자? 죽음의 귀신? 순간 모골이 송연해지면서 쭈뼛, 동욱의 의식

속에서 삶과 죽음의 기로가 엇갈렸지요. 이 동네를 내리 깔고 있는 죽음의 적막, 그 실체를 알고나자 엄습하는 것은 공포였습니다. 그 순간, 살고 싶으면 멀리 도망치라는 그 소리를 듣는 순간부터 돌부리에 걸려 넘어지든 말든 맨살이 터져 피가 배어나는 것도 모르고, 오직 죽음의 영역을 벗어나야겠다는 일념으로 달리고 또 달렸습니다. 먼 언덕바지에 있는 느티나무 밑에 기대어 한숨을 돌렸을 때, 공포와 피곤의 극에 달한 동욱이는 비를 맞으면서도 그냥 깊은 잠에 떨어지고 말았지요.

"호열자虎列刺"라는 말은 본시 콜레라Cholera의 음역에서 생겨난 말이에요. 끝 글자가 원래는 "호열랄虎列剌"인데 "어그러질 랄剌"과 "찌를 자刺"가 너무도 비슷하게 생겨서 그만 "호열랄"이 "호열자"로 와전되고 말았지요. 중국에서는 보통 "虎列拉 hu-lieh-la"로 쓰죠. 19세기 세계 최대의 전염병이었던 콜레라(호열자)가 우리나라에 대규모로 상륙한 것은 순조 21년 신사辛巳(1821) 때였습니다. 이때만 해도 콜레라라는 이름은 없었고, 『실록』기사를 보면 "괴질怪疾, 윤질輪疾, 윤행괴질輪行怪疾, 려질沴疾, 괴려乖沴, 습온濕瘟" 등의 표현이 쓰였습니다. 의가들도 헌종 때는 "마각온麻脚瘟," 고종 때는 "서습곽란暑濕霍亂, 윤증곽란輪症霍亂"이라는 병명을 썼지 콜레라라는 이름은 쓰지 않았습니다.

콜레라균의 19세기 역사

기실 "호열자"라는 이름을 썼다면, 그것은 이미 콜레라균*Vibrio cholerae*의 존재를 인식했다는 얘기가 됩니다. 따라서 내가 경허의 대화내용에서 "호열자"라는 말을 집어넣기는 했지만 실상 1879년 당시에는 조선에 호열자라는 말은 존재하지 않았습니다. 왜냐하면 당시 조선의학계에는 "사기邪氣"라는 막연한 개념만 있었지 "미생물 microorganism"이라는 개념이 없었습니다. 콜레라균은 현미경을 통해 보면 그냥 육안으로 쳐다볼 수 있는 하나의 독립된 생물체입니다. 건강한 사람이 곽란을 일으킬 정도로 감염되려면 최소한 1억 개, 많으면 100억 개의 콜레라균을 섭취해야 합니다. 그러니까 맨눈에 보이지 않지만 이 콜레라균의 이동은 노르망디상륙을 시도하는 연합군의 규모와 비교가 되질 않아요. 그런 것은 조족지혈이지요. 콜레라는 인도의 힌두스탄Hindustan 지역에서 발생되어 중국대륙을 거쳐 평안도, 황해도 루트를 따라 1821년 8월 중순에는 서울에 도착합니다. 이때 평양부에 사람이 수만 명 죽었으며, 한성부의 희생자가 이미 13만 명을 넘었습니다. 그러니까 여기 천안 동네에 집집마다 시체가 쌓였다는 말은 결코 과장된 표현이 아닙니다. 1859년(철종 10년) 제2차 대유행이 있었고, 1862년 제3차 대유행이 있었으며, 그 뒤로도 1910년까지 크고 작은 유행이 계속됩니다. 수십만의 인민이 속수무책으로 죽어 넘어갔지요. 우리는 역사를 너무 정치사적으로만 봐요. 이러한 민중의 생활사는 전혀 모르고 넘어가는 겁니다.

소독이라는 개념을 모르는 불행

콜레라는 주로 먹는 것으로 전염됩니다. 분변, 구토물로 오염된 음식이나 식수를 통해 감염됩니다. 오염된 손으로 음식을 조리하거나 식사를 하면 감염되고요, 특히 날것이나 덜 익은 해산물이 감염원이 되는 경우가 많습니다. 미생물의 발견은 인류에게 "위생hygiene"이라는 관념을 형성시켰습니다. 위생이란 소독을 말하는 것이고, 소독의 핵심은 박테리아라는 미생물을 죽이는 것입니다. 사실 콜레라균에게 당하지 않는 가장 좋은 방법은 끓인 음식을 먹는 것이고, 가장 기본적인 처방은 반드시 물을 끓여 먹는 것이죠. 모든 물은 끓여 먹어라! 이 한마디의 수칙만 알았더라도 19세기의 조선민중이 그렇게 대규모로 죽음에 처하는 일은 없었을 것입니다. 그런데 19세기에 아무도 이러한 간단한 수칙 하나를 제시하는 자가 없었습니다. 광무 10년(1899) 9월, 일본으로부터 콜레라균의 개념이 들어오고("호열랄"은 일본식으로 읽으면 "콜레라"가 된다), "호열자예방규칙虎列刺豫防規則"이라는 것이 반포됩니다. 그 전에는 우리 조선민중은 괴질을 역귀疫鬼로만 알았습니다.

해월과 경허, 그리고 윤질 콜레라

지금 동욱이가 자기 옛 스승을 찾아나선 이 시기는 바로 동학의 제2대 교조 해월 최시형이 포접제도를 활용해가면서 가열차게 동학사상을 민중의 삶 속으로 침투시키고 있었던 시기였습니다. 1880년에는 강원도 인제 갑둔리에서 우리민족의 성전이라 할 수 있는 『동경대전東經大全』 최초의 목판본이 간행됩니다. 탄압 속에서 간행된 이 경전이야말로 우리민족 근대정신의 정화라 할 수 있습니다.

해월海月(1827년생)과 경허鏡虛(1849년생)! 나이는 해월이 한 세대 위이지만 이 두 사람은 같은 시기에 같은 민중의 현실을 바라보면서 같은 고민을 하고 있었습니다. 경허는 철저히 개인적이며 내면적 수양을 통해 새로운 정신사적 혁명을 수립하려고 했고, 해월은 철저히 공동체적이며 사회조직적 운동을 통해 정치사적 혁명을 수립하려고 했습니다. 두 사람 다 조선역사의 개벽을 지향하고 있었습니다.

이 콜레라 대전쟁을 대하는 두 사람의 태도 또한 매우 대조적이지요. 해월은 경허처럼 대단한 학식을 가진 사람은 아니었지만 놀라운 통찰력과 사물을 바라보는 아주 새로운 시각을 가지고 있었습니다. 민중의 통고痛苦인 괴질귀신을 바라보는 시각이 철저히 위생론적이었습니다. 민중의 물리적 고통은 우선 물리적으로 해결되어야 한다는 것이 그의 생각이었습니다. 그는 교인들에게 말합니다:

> "고기종류를 먹기를 즐겨하지 말며, 해어海魚 먹기를 삼가며, 논에 우렁이나 지렁이, 가재를 먹지 말라. 가신 물을 아무데나 뿌리지 말며, 침을 함부로 뱉지 말며, 코를 멀리 풀지마라. 코나 침이 땅에 떨어졌거든 닦아 없애라. 먹던 밥 새 밥에 섞지 말고, 먹던 국 새 국에 섞지 말라. 먹던 김치 새 김치에 섞지 말고, 먹던 반찬 새 반찬에 섞지 말라. 조석 할 때에 반드시 새 물을 길어다가 쌀 다섯 번 씻어 앉히고, 밥 해서 풀 때에 국이나 장이나 김치나 정갈하게 한 그릇 놓고 깨끗하게 먹어라. 살생하지 말며 삼시 음식을 부모님제사 받들듯 받들라. 이리하면 연병윤감延病輪感을 아니 하리라."

동학 전도의 비결: 콜레라

여기에 핵심적인 "물이나 음식을 반드시 끓여 먹으라"라는 명제가 빠져있는 것이 유감이긴 하지만, 미생물학의 성과가 전달되어 있지 않은 상태에서는 어찌할 수 없는 사태였습니다. 그러나 "연병윤감"

이라는 말을 쓰고 있는 것을 보면 괴질은 전염된다는 것을 알고 있었고, 이 전염루트를 차단해야 한다는 생각이 있었습니다. 무서운 통찰력이라 아니 말할 수 없습니다. 음식물이나 물이 사람에서 사람으로 전달되어서는 아니 된다는 놀라운 형안이 있었던 것이죠. 동학의 창시자인 수운 최제우는 1864년 대구 남문밖 관덕당 뜰에서 처형당했습니다. 미국의 남북전쟁이 끝나갈 무렵이었죠. 그 당시 동학교도는 전체 3천 명 정도였고 교조의 죽음으로 뿔뿔이 흩어져 세력은 쇠미했습니다. 거의 제로에 가까웠던 동학을 홀로 걸머지고, 30년 동안에 동학을 갑오농민혁명의 전국조직으로 일궈낸 사람이 해월 최시형입니다. 이 비결이 무엇이었을까요? 탁월한 정신적 설법은 이지적 소수에게는 먹히지만 대중운동으로 확산되기는 어렵습니다. 30년 동학의 민중조직건설의 비결은 다름 아닌 콜레라와의 전투였습니다. 희한하게도 괴질귀신은 동학도들을 피해간다는 소문이 전국에 유포된 것이죠. "호열자 괴질귀신한테 당하지 않으려면 동학에 입도해라"라는 명제가 들판에 버려진 민중의 소망이 된 것이죠.

자아! 동학 얘기는 이쯤 할까요? 하여튼 19세기 조선에 상륙한 콜레라는 한편으로 동학혁명의 기초를 구축시켰고, 한편으로는 새로운 선불교의 정신혁명을 촉발시켰다고 말할 수 있습니다. 역사라는 것은 항상 동일한 국면을 놓고도 다양한 인물들이 다양한 테마를 전개해나가는 것이죠.

말로 설파한 생사일여, 정말 생사일여냐?

공포와 오한에 떨며 느티나무 등걸에 기대어 깊은 잠을 자고 일어났을 때 찬란한 아침 햇살이 동욱의 적삼을 때리고 있었습니다. 동욱은 갑자기 산다는 게 무엇이냐, 죽는다는 게 무엇이냐, 내가 『금강경』을 운운하며 생사일여生死一如를 자신있게 강론했건만 지금 죽음의 귀신이 그토록 무서워 도망치고 또 도망쳤다니, 도대체 내가 20년 넘도록 쌓아온 지식의 공덕이 뭔 소용이냐, 온갖 상념에 휩싸일 수밖에 없었습니다. 일세를 풍미한 강백으로서의 자신의 모습이 한없이 초라했고 뜬구름처럼 보였습니다. 『법화경』의 오묘한 비유들을 그토록 재미있게 설파하고, 『화엄경』의 선재동자의 모험을 그토록 환상적으로 그려나갔건만 지금 이 내 꼬라지가 무엇이냐? 정말 내가 무주無住(집착함이 없음)하는 마음을 냈단 말인가? 내가 과연 그 죽음의 마을에서 색성향미촉법에 머물지 않고 마음을 낼 수 있었던가? 그는 자신이 살아온 전 생애가 다 위선으로 느껴졌고, 그 위선적인 자아상을 바라보고 신뢰한 모든 사람들에게 부끄러운 마음을 금할 길이 없었습니다. 심리학에서 흔히 미드라이프 크라이시스Mid-life Crisis라는 말을 쓰는데 성취를 누적해온 위대한 인간에게는 중년의 나이쯤에 그것을 부정하는 계기가 찾아온다는 뜻이지요. 경허는 그 길로 옛 은사를 찾아볼 생각도 다 잊어버리고 동학사로 직행합니다.

경허의 용맹정진

그리고 강원의 강백으로서의 자기를 부정하는 발언을 하고, 전국 각지에서 스님에게 경전을 배우겠다고 몰려든 학인들에게 강원의 폐쇄를 선포합니다. 만화 스님에게 한마디 상의도 없이 강원을 폐쇄하고 학인들을 다 흩어지게 하였으니, 만화 스님으로서는 천부당 만부당한 일이었습니다.

"문을 걸어 잠그고 있다더니 내가 왔는데도 나오지 않겠는가?"

"죄송하옵니다. 스님."

"강원을 폐쇄하고 학인들을 다 흩어지라고 했다는데 사실인가?"

"죄송한 일이오나 그렇게 했습니다. 스님."

"네 이놈! 감히 누구 맘대로 강을 폐하고 학인들을 내보낸단 말이냐?"

"죽은 문자에만 매달리고 경구에만 눈이 멀어 더 이상 허튼소리를 지껄일 수 없습니다. 스님!"

확철하게 깨닫기 전에는 일체 세간에 나오지 않으리라 결심하고, 해가 뜨고 지는 것도 알지 못한 채 허벅지에 송곳을 들이대고 턱 밑에 칼을 대고 졸음을 쫓으며 용맹정진, 석 달의 시간이 흘렀습니다. 긴 머리와 수염으로 몰골이 휘덮이고 닦지 않은 몸에서는 냄새가 펄펄 났으나 두 눈에서는 광채가 불을 뿜었지요.

경허에게 공양을 가져다주던 원규元圭라는 사미승이 있었습니다. 원규의 속성은 이씨였는데, 그의 부친이 상당히 지체가 높은 사람으로 왕실과도 친분이 있었고, 학식이 풍부하였고, 불교의 가르침을 깊게 터득한 바 있어 사람들이 그를 "이 진사" 또는 "이 처사"라고 불렀습니다. 이 진사는 동학사에서 멀리 떨어지지 않은 곳에서 살고 있었습니다.

원규가 집에 돌아와 아버지 이 진사와 이야기하는 중에 이 진사가 물었습니다.

"스님은 요즈음 어떻게 지내시는가?"

"예, 그럭저럭 지내시고 계십니다."

"아 이놈아 그럭저럭이라니, 강주 스님은 뭘 하시고 계시냐 말이다."

"방안에서 소처럼 앉아계시기만 합니다."

"허허 중노릇 잘못하면 다음 생애에는 소가 된다는 것도 모르시는가?"

"공부를 제대로 하지 않고 공양만 받아처먹으면, 다음 생에서는 소가 되어 죽도록 일을 해서 그 빚을 갚아야 한다 그 말씀이신가요?"

"허어! 절깐에 가서 공부를 한다고 하는 사문이 겨우 그렇게밖에 풀이를 못해?"

"그럼 어떻게 대답을 해야 하는 것인가요?"

"소가 되더라도 천비공처가 없는 소가 되면 되지 않겠습니까 하고, 이 정도는 풀이를 해야하지 않겠느냐? 何不道, 爲牛, 則爲 無穿鼻孔處。"

"천비공처가 없는 소라니요, 도대체 그게 무슨 뜻입니까?"

"아 이놈아 훌륭한 강주 스님에게 배우라고 절깐에 보냈거늘, 아직도 이것 하나 해석 못하느냐? 응당 강주 스님께 여쭈어서 제대로 풀어야 할 것 아니냐? 그러하지 아니한고?"

천비공처가 없는 소

절깐에 돌아온 사미는 이 진사의 설화說話를 스님들께 여쭈어 보았어도 아는 사람이 없었습니다.

"강주 화상께서 아무리 선공부에 열심, 망식忘食중이라 해도, 발분發憤하여 진리를 고구考究하고 계신 중이니 스님께 가서 직접 여쭈어보는 것이 가可하다."

사미 원규는 경허가 폐침망찬廢寢忘餐 용맹정진 하고 있는 방 앞에 서서 자초지종을 설명하고 용감하게 묻습니다(원규는 훗날 동은화상東隱 和尙이라는 큰 스님이 된다).

"천비공처穿鼻孔處가 없는 소가 된다, 도대체 이 말이 뭔 뜻이 오니이까?"

이 말을 방안에서 듣고 있던 경허! 그 순간이 경허의 진정한 득도의 찰나였습니다. 가장 정통적인 경허행장을 쓴 한암은 이와 같이 이 순간을 표현하고 있습니다: "옛 부처들이 태어나기 이전의 소식이 활연히 눈앞에 드러난다. 대지가 무너지고 물物과 아我가 다 사라졌다. 옛 부처들이 크게 휴식을 취하고 있는 그 경지에 곧바로 다다르니 천 가지 만 가지 법문의 무량묘의無量妙義가 당장에 얼음 녹듯이 녹아버리고 모든 의혹이 풀려버렸다."

경허는 꼭꼭 걸어 잠갔던 문짝을 발로 차고 미친 듯이 춤을 추며 천지가 요동치는 듯 웃고 또 웃었습니다. 모든 사람들이 스님이 드디어 미쳤나보다 하고 둘러싸도, 웃고 또 웃었지요.

"네 이놈, 지금 분명히 제정신이 아니렷다!"

만화 스님은 걱정이 되어 미친 듯이 웃어대는 경허에게 주장자라도 내려칠 기세로 엄하게 꾸짖었습니다.

"하하하하 노여워하실 일이 아니옵니다. 스님!"

"무엇이라고?"

대지에 큰 대자로 누워 껄껄거리는 경허는 말합니다.

"저는 지금 제정신입니다. 아니 제정신이 아니라 아주 맑은 정신입니다. 명경지수처럼, 아니 깨끗한 빈 거울처럼 아주 아주 맑은 정신입니다."

성우로 다시 태어나다

경허의 웃음은 이제 범부의 웃음이 아니었습니다. 이 순간 경허는 자신의 새로운 법명을 "깨달은 소" 즉 "성우惺牛"라 이름 지었습니다. 그리고 "맑디맑은 빈 거울"이라는 뜻으로 법호를 "경허鏡虛"라 불렀습니다. 그러니까 법명, 법호가 모두 스스로 새로 지은 것이죠. 이것은 실로 조선불교의 새출발을 의미하는 사건이었습니다.

자~ 여기 명료하게 풀어야만 할 명제가 하나 있습니다. 앞서 말했듯이 많은 사람들의 병폐가 한문을 명료하게 따져 읽고 해석치 못하고 두리뭉실 적당히 자기류의 해석을 내린다는 것입니다. 보통 경허의 오도에 관해 말하는 것을 보면 "콧구멍이 없는 소" 운운해버리는데 "콧구멍이 없는 소"라는 것은 SF영화에나 가능한 가상일 뿐, 실제 아무런 의미가 없습니다. 콧구멍이 없으면 숨을 쉴 수가 없고, 그것은 생명체가 아니죠. 생명의 상징, 기준이 곧 "숨"이요, 숨이 곧 "기氣"입니다. 기는 곧 엘랑 비탈이죠.

문제는 이 진사가 "콧구멍 없는 소"라고 말한 적이 없다는 것입니다. 그래서 나는 한암 스님의 경허행장에 있는 원어를 그대로 풀지 않고 썼습니다: "어찌하여 말하지 아니하느뇨? 소가 될진대 비공을 뚫을 곳이 없는 소가 되면 그만 아니냐라고. 何不道, 爲牛, 則爲無穿鼻孔處。"

소와 고삐

"무비공"이 아니라 "무천비공無穿鼻孔"이라는 말이죠(경허의 오도송에 "무비공"이라는 말이 나오기는 하지만 그것은 실제로 "무천비공"을 의미한다). 다시 말해서 콧구멍을 뚫는 "코뚜레"에 관한 이야기인 것이죠. 소는 원래 힘이 세고, 거대한 동물이라서 인간이 함부로 다룰 수 있는 동물이 아닙니다. 소가 맹수라면 호랑이도 간단히 제압할 수 있습니다. 소라는 거대한 동물이 그토록 유순하게 인간을 위하여 죽도록 충성하는 동물이 된 것은 바로 고삐(코뚜레와 당기는 줄을 합한 개념)의 발명으로 인한 것입니다. "비공을 뚫는다"는 것은 두 콧구멍 사이의 "비중격鼻中隔"을 뚫는 것인데 그곳은 너무 깊어도 아니 되고 너무 얕아도 아니 됩니다. 비중격막은 얇아서 뚫기에 적합한 곳이지만, 그곳은 예민한 신경이 잔뜩 분포되어 소로 하여금 통증을 느끼게 하며, 고삐를 잡으면 사람말을 잘 듣게 되어 있습니다. 다시 말해서 고삐는 거대한 소를 말 잘 듣게 만드는, 인간이 고안해낸 비장의 무기라 할 수 있습니다. 이 고삐는 춘추전국시대 문헌에 이미 나오고 있으며, 비중격을 뚫는 시기는 소가 태어나서 10~12달 사이라고 합니다.

고삐 없는 소: 자유자재의 해탈인

우리가 보통 속박, 구속을 나타내는 말로써 "기미羈縻"라는 말을 쓰는데, 이 중에 "미"가 고삐를 의미하는 것이고, "기"는 고삐와 연결되어 얼굴 전체에 씌우는 굴레를 의미하는 것입니다. 소는 기미로써 인간에게 제압되는 것이죠. 경허는 1미터 90이 넘는 거구의 사나이요, 소와 같은 힘을 가진 사나이였습니다. 그를 교육시키는 사람들은 어떻게 해서든지 그에게 고삐를 씌우기를 원하겠죠. 이러한 문제상황을 눈치챈 이 처사는 그에게 새로운 대각의 암시를 보낸 것이죠. 이 처사야말로 대보살이었습니다. 소가 되어도 고삐 없는 소가 되어라! 이것은 자유자재의 해탈인의 경지를 나타내는 아주 비근한 표현입니다. 경허의 삶 그 자체가 고삐 없는 삶이요, 기미의 속박이 없는 삶이었습니다. 그것은 그가 스스로 대각을 통하여 창조한 삶이었습니다.

나의 이러한 해석은 경허가 취한 삶의 태도에서 곧 드러남으로써 그 정당성을 얻습니다: 그가 대각의 대소大笑를 허공에 날린 것은 눈발이 휘날리는 기묘년(1879) 겨울 11월 보름이었습니다. 그가 쓴 오도송을 보면 그 시작과 끝이 같은 말로 되어 있습니다.

> 아~ 사방을 둘러보아도 사람이 없구나!
> 의발을 누구에게 전하랴!
> 의발을 누구에게 전하랴!
> 사방을 둘러보아도 사람이 없구나!
> 四顧無人, 衣鉢誰傳, 衣鉢誰傳, 四顧無人。

(중략)

> 슬프도다! 어찌할 도리가 없구나!
> 대저 의발을 누구에게 전하랴!
> 사방을 둘러보아도 사람이 없구나!
> 사방을 둘러보아도 사람이 없구나!
> 대저 의발을 누구에게 전하랴!
> 嗚呼! 已矣。夫衣鉢誰傳?
> 四顧無人, 四顧無人, 衣鉢誰傳。

사람이 없다

대부분의 사람들이 경허의 오도송의 중략된 부분 속의 언어를 가지고 왈가왈부하기를 즐기지만, 나는 경허의 오도송의 핵심을 "춘산화소조가春山花笑鳥歌, 추야월백풍청秋夜月白風淸" 운운하는 데 있지 않고 처음과 끝의 탄식에 있다고 생각합니다. 깨달음이란 타인에게 전할 수 없는 것입니다. 깨달음을 전한다는 것은, 타인이 나의 깨달음과 같은 경지에 있을 때 그 깨달음의 경지가 스스로 이입되는 것을 의미합니다. 그런데 사방을 아무리 둘러보아도 나의 깨달음을 알아차릴 수 있는, 공감의 전입이 가능한 그러한 사람이 없다는 것이죠. 그만큼 경허의 깨달음은 지존한 것이었습니다. 사방을 둘러봐도 사람이 없다! 이것은 진정 성우 경허의 대오의 경지를 나타내는 확철한 고독을 나타내고 있는 것입니다.

어느 날 경허를 오늘의 경허로 만들어준, 그에게 무궁무진한 교학의 도리를 깨우쳐준 만화 스님이 경허의 방에 들어왔습니다. 그런데도 경허는 드러누운 채 일어나지도 않았고 거들떠보지도 않았습니다. 준엄한 스승에게 기본적 예의도 차리지 않는단 말인가? 만화 스님은 정말 기분이 나빴습니다. 한마디로 안하무인의 괘씸한 놈이죠. 그래서 한마디 건넸습니다.

"웬일로 누워서 일어나지도 않는가?何故長臥不起?"

경허는 대답합니다.

"무사지인은 본래 이렇습니다.無事之人, 本來如是。"

만화는 묵묵히 물러났습니다.

무사지인

여기 "무사지인無事之人"이라는 말은 "일 없는 사람"이라는 뜻이
아니라, 임제가 말하는 "무사인無事人"입니다. 즉 세속적 일에 얽매일
것이 없는 자유인, 아무것도 부족할 것이 없는 온전한 인간을 말하는
것이지요.

"무사지인은 본래 이렇습니다."

그 방을 묵묵히 걸어 나오는 만화 스님은 되게 기분나빴을 것입니
다. 그러나 만화 스님은 자신의 제자가 자신과는 다른 경계에 서 있
다는 것을 알아차렸을 것입니다. 그러나 인간적으로 그것을 포용하
기는 어려웠을 것입니다. 그러한 감정의 상황은 경허에게도 동일했
을 것입니다. 그토록 자신을 사랑하고 키워준 은사에게 그렇게 무례
한 행동을 한다는 것이 인지상정상 그렇게 아름답게 느껴지지는 않
았을 것입니다. 그러나 그러한 무례를 통해서라도 경허는 단절을 요
구하고 있었습니다. 자기존재의 모든 연속성을 절단시키고자 한 것
입니다. 그 심정을 표현한 말이 곧 "사고무인四顧無人"이라는 말이지
요. 이제 스승도 없고 제자도 없습니다. 경허는 다음해 봄에 서산瑞山
연암산鷰巖山 천장사天藏寺로 거처를 옮깁니다.

천장사 이야기

백제시대에 창건된 천장사라는 곳은 경허보다 먼저 출가한 친형

태허(여러 문헌에 "太虛"로도 "泰虛"로도 기술되고 있다) 스님이 주지로 있었고 친어머니가 바로 그곳에서 공양주보살로서 살고 있었습니다. 여기서부터 벌어지는 이야기는 정말 무궁무진하지만 이제 경허 스님 이야길랑 끊어야 할 것 같네요. 사실 경허의 삶의 모든 굽이굽이가 더할 나위없는 위대한 공안이며 우리에게는 『벽암록』보다 더 의미심장한 메시지를 던져줍니다. 나의 도반 명진이 "진짜 중"이라는 말 한 마디를 하고파서 얘기가 여기까지 만연케 되었는데, 경허의 삶의 이야기를 마감 짓기 전에 몇 가지 일화만 소개할까 합니다.

개울 건넌 이야기

경허가 천장사에 머물고 있을 때였습니다. 어느 해 무덥던 여름, 하루는 어린 사미승을 데리고 탁발을 나갔습니다. 어느 산고을에서 개울을 건너야겠는데 간밤에 내린 비로 물이 불어 그냥 옷 입고 건너기에는 난감한 정황이었습니다. 머뭇거리고 있는데 등 뒤에서 웬 젊은 여인이 급히 경허를 부르는 것이었습니다.

"스님 스님, 저 좀 보세요."

사미승이 못마땅한 듯 퉁명스레 여인에게 물었습니다.

"웬일이슈."

"그러잖아두 개울물이 불어 건너기 어려울 거라기에 걱정을 하고 있었는데 마침 잘 만났지 뭐예요."

"아니 우릴 잘 만났다니 그게 뭔 소립니까?"

이 여인은 사미승에게 대꾸도 아니 하고 경허에게 은근히 말을 건넸습니다.

"스님 저를 등에 업어 건네주시지 않겠습니까?"

"날더러 말씀인가?"

"설마 하니 이 어린 애기중에게 업어달라고 할 수는 없지 않겠습니까?"

어린 사미승이 화가 나서 여인을 나무랐습니다.

"이보시오. 젊은 여인! 당치도 않은 얘기는 하지도 마십시오."

여인은 사미의 말을 무시하고 경허에게 들이밀었지요.

"아니 스님, 내가 뭐 못 드릴 부탁을 드렸습니까? 길 가던 아녀자가 물이 깊어 그냥 건널 방도가 없으니, 등 좀 빌리자는데 그것도 잘못입니까?"

여인은 한층 더 높아진 목소리로 외칩니다.

"아~ 그리구 내가 등 좀 빌리자구 한다구 설마 거저야 빌리겠습니까? 품삯을 드리면 될 것 아니겠습니까?"

경허는 너털웃음을 웃으며 말합니다.

"허허 그래, 품삯을 주겠다니 얼마를 주시겠소?"

"한 푼을 드리지요."

"한 푼은 안되겠고 두 푼을 주신다면~"

"좋아요. 두 푼 드리지요."

경허는 그 여인을 등에 업고 개울을 건넜습니다. 그리고 여인을 내려
놓았습니다.

"자아~ 무사히 개울을 건넜소이다."

"수고하셨네요. 약조한 대로 품삯 두 푼을 받으세요."

"두 푼이건 한 푼이건 품삯은 필요없으니 도루 넣으시오."

"기왕에 탁발을 다니면서 왜 품삯은 안 받겠다는 겁니까?"

"품삯 대신에 다른 걸로 하지요."

이때 경허는 번개처럼 그 거대한 손바닥으로 느닷없이 그 여인의 궁뎅이를 철썩 때렸습니다.

"아이구머니나! 아니 세상에, 저런저런 ……"

경허는 소리 지르는 여인을 뒤로 하고 유유히 걸어가고 있었습니다. 사미는 놀라 묻습니다.

"스님, 아니 그게 무슨 짓이오니까?"

"재물이면 뭐든지 된다고 믿는 것들은 그렇게 버릇을 고쳐줘 야 하느니라. 허허 거 요망한 것, 궁뎅이 하나는 제법이던 걸."

탁발을 마치고 천장사로 돌아온 그날 밤, 사미승은 몇 번이나 뒤척 인 끝에 다시 일어나 앉았습니다. 잠이 오지 않았던 것이죠.

"허허 이 녀석 왜 벌떡 일어나 앉느냐?"

"오늘 꼭 여쭤봐야 할 게 있습니다."

"무슨 말인고?"

"스님께서는 늘 저에게 이르시기를 출가사문은 여자를 가까 이해서는 안된다고 말씀하셨습니다. 그런데 오늘 스님께서는 젊은 여자를 ……"

"젊은 여자를?"

"예, 젊은 여자를 덥석 등에 업어다가 개울을 건네주셨을 뿐 아니라 그 젊은 여자의 엉덩이까지 철썩 치셨습니다."

"허허 이 고얀 놈 봤나?"

"스님이 오늘 낮에 하신 일은 출가사문으로서는 해서는 안될 일입니다. 계율을 어기신 것이 아니겠습니까?"

"듣거라! 나는 분명 그 여자를 등에 업고 개울을 건네주었고, 네 말대로 엉덩이까지 쳤느니라."

"스님, 그러니 분명 계율에 어긋난 일이 아니겠습니까?"

"나는 그 여인을 개울가에 내려놓았다. 어찌하여 너는 아직까지 그 여인을 등에 업고 있단 말이냐?"

"예에?"

"내가 만약 환갑 넘은 할머니를 등에 업어 건넸다면 네가 아직도 그 할머니를 가슴에 품고 잠을 못 이루겠느냐?"

"그~야."

"겉모양, 겉소리에 눈이 흐리거나 귀가 어두워지면 아니 된다. 집착치 말라! 애오愛惡를 떠나라! 이제 내려놓아라! 그 젊은 여자를 마음속에 그만 품고, 낮에 건넜던 그 개울가에 버려야 할 것이니라."

"스님, 용서하여 주시옵소서."

사미승은 크게 깨닫고 훗날 고승이 되었습니다.

방하착의 의미

이 고사는 제가 고려대학교 철학과 3학년 때 중국철학사를 듣다가 "방하착放下着"이라는 주제와 관련하여 우리나라 고승의 실례로서 인상 깊게 들었습니다. 나의 평생을 지배하게 된 위대한 일화였죠. 여기 이 설화의 핵심은 "내려놓았다"라는 한마디입니다. 경허는 여인을 등에 업었다. 그리고 개울을 건넜다. 그리고 여인을 "내려놓았다." 경허에게 이 사건은 이것으로 끝났습니다. 그러나 사미는 이 여인을 내려놓지 못했습니다. 계속 낑낑대면서 등에 업고 가는 것이죠.

조주의 방하저

선종에서 잘 쓰는 말로서 이 "방하착放下着"이라는 말이 있는데, 이 말은 실상 "방하저"로 읽어야 합니다. 마지막의 "착着"은 본동사가 아니고 조사이며, 진행을 나타내거나 명령, 권고를 나타내는 조사助詞이지요. 그리고 경성輕聲으로 발음합니다. "황시아저fang-xia-zhe"라고 발음하지요. "방放"은 풀 방이요, 놓을 방입니다. "하下"는 내려 놓을 하입니다. "내려놓은 상태로 있어라"라는 명령이지요. 이 "방하放下"의 고사는 『벽암록』과 쌍벽을 이루는 조동종의 공안집, 『종용록從容錄』에 나오는 것이 제일 대표적인 것입니다. 그 제57칙에 엄양존자嚴陽尊者(보신普信, 조주의 제자)가 조주趙州(종심從諗, 778~897?) 스님에게 묻습니다.

"한 물건도 가져오지 않았는데 어찌하면 좋습니까? 一物不將來時如何?"

조주가 말합니다. "내려놓아라. 放下着。"

"아니 스님, 한 물건도 가져오지 않았다는데 뭘 내려놓으라는 겁니까? 一物不將來, 放下箇甚麼?"

"그럼 도로 가지고 가거라. 恁麼則擔取去。"

아주 짤막한, 밑도 끝도 없는 이 투박한 공안은 조주의 선풍이 잘 드러나는 천하의 일품이지요. 엄양은 조주가 말하는 "내려놓으라"는 의미를 깨닫지 못했습니다. 그러니, 조주는 다시 가져가라고 말합니다. 그러나 우리 천장사의 사미는 깨달았습니다. "방하저"(내려놓음)의 대상이 물건이 아니었던 것이죠. 이 경허의 고사는 아주 한국적인 현실을 적나라하게 드러내고 있습니다. 건방진 젊은 여인의 인간성, 스님을 노비처럼 취급하는 멸시의 눈초리, 그러한 상황에 여유롭게 대처하는 경허, 그리고 여인의 궁둥이에 한방 멕이는 호쾌한 가르침, 그의 제자 만공은 이러한 경허의 행태를 "가풍家風을 드러낸다"라고 말합니다. 그러나 더욱 중요한 것은 그날 밤 사미와의 대화였지요. 사미를 괴롭혔던 것은 여인이라는 물체가 아니라, 여인에 대한 사미의 의식이었고, 그 의식의 집중을 일으킨 집념이었습니다. 그러나 그것은 내려놓아도 될, 아무런 문제도 일으키지 않을 짐이었습니다. 짐을 내려놓고 가볍게 걸어가면 될 텐데 계속 짐을 지고 가는 것이지요.

예수와 경허

예수는 말합니다:

수고하고 무거운 짐 진 자들아 다 내게로 오라. 내가 너희를 쉬게 하리라.
Come to me, all who labor and are heavyladen, and I will give you rest.

그러나 경허는 말합니다: "내려놓으라!" 짐을 내려놓는데 전혀 예수의 힘이 필요하지 않습니다. 그냥 내려놓으면 됩니다. 부인과 남편과 사소한 일로 싸우고 그것이 짐이 됩니다. 그냥 내려놓으면 될 일을 계속 가지고 다니면서 이를 갈지요. 점점 그 짐은 커지고, 가정의 불행이 되고, 자손에게까지 그 짐이 유전되고 증폭됩니다. "방하저放下著!" 이 한마디만 제대로 이해해도 한평생 정신과 의사를 찾아갈 일은 없을 것입니다.

경허의 보임

자아! 다음의 보다 사회적인 맥락이 있는 고사 하나를 들어보겠습니다. 경허가 천장사에 간 것은 일차적으로 보임保任(보림이라고도 말함)을 하기 위함이었습니다. 보임 혹은 보림이라는 것은 "보호임지保護任持"의 준말인데, 대오를 한 후에 그 경지를 보호하고 지속시키기 위하여 당분간(보통 1년 동안) 특별한 수행을 하는 것을 말합니다.

경허는 연암산 지장암이라는 토굴로 들어가 손수 솜을 놓아 두툼한 누더기옷 한 벌을 지어 입고, 한번 앉은 자리에서 꼬박 자세를 흐트리지 않고 1년을 지냈습니다. 그것이 어떻게 가능할까, 물론 오줌, 똥, 밥 먹는 것, 자는 것, 세부적인 문제에 관해서는 어떤 원칙이 있었을 것이지만 경허 스님이 신체를 컨트롤 하는 능력은 현재 우리나라 어느 누구도 흉내낼 수 있는 수준이 아닌 것 같습니다. 남북조시대 때 달마대사가 소림사에서 9년을 면벽했다 하지만 그것은 다 전설적인 얘기일 뿐이고, 실제로 경허의 1년 보임은 달마의 9년 면벽보다도 더 극심한 것이었다라고 그의 제자 만공은 말합니다. 보임 1년 동안 씻지도 않고 갈아입지도 않아 땀에 찌든 누더기옷에서 싸락눈이 내린 것처럼 이가 들끓었으니 이떼가 몸을 덮은 것이 두부 짠 비지를 온몸에 문질러놓은 것 같았다고 합니다. 온몸이 부스럼으로 덮였어도 손대어 한 번도 긁은 적이 없었다고 합니다.

　보임을 끝낸 후에 천장사를 근거지로 해서 다양하게 주변 사찰, 즉 덕숭산德崇山 수덕사, 정혜사定慧寺, 상왕산象王山 개심사開心寺, 문수사, 도비산都飛山 부석사浮石寺, 태화산泰華山 마곡사麻谷寺, 천비산天庇山 중암中庵 묘각사妙覺寺, 칠갑산七甲山 장곡사長谷寺, 예산 대련사大蓮寺, 아산牙山 봉곡사鳳谷寺, 금산錦山 보석사寶石寺, 태고사太古寺, 백마강변 영은사靈隱寺, 면천沔川 영탑사靈塔寺, 계룡산 갑사甲寺, 동학사, 신원사新元寺, 속리산 법주사法住寺 등 호서 일대에 새로운 선풍을 진작하고 승려들의 고식적인 수행방편을 개혁시키고 민중들의 불심을 불러일으킵니다.

1880년대의 조선민중의 처참한 생활
　그가 기거한 천장사는 매우 초라하고 빈한한 사찰이었으나 대각자인 경허가 살게 되면서 자연히 소음도 많았지만 또 그만큼 사찰운영이 조금은 넉넉해졌습니다. 주지로 있는 형님과 공양주보살인 엄마는 결코 경허의 혁신적 생각을 받아들일 수 있는 사람들은 아니었으나 조금씩은 경허의 도력에 감화를 입어간 것 같습니다. 그가 천장사에 기거하던 1880년대의 조선은 1882년에 임오군란이 일어나고, 대원군이 천진으로 납치되어 가고, 제물포조약이 맺어지는 등 조선왕조의 국권이 무너져가는 시기였으며, 그만큼 민중의 삶은 여러 가지 시련에 노출되어 빈궁함을 극하였고, 관원들의 탐학은 날로 거세어져 갔습니다. 이러한 비극적 정황 속에서도 경허는 거침없는 언변과 기행으로 관헌들을 제압하고 경복시켜 민중의 삶을 보호하려고 했습니다.

49재 고사

　1883년 5月경이었습니다. 5월은 "보릿고개"라 하여 일년중 밥을 먹기가 가장 어려웠던 시절이었습니다. 나의 부인의 친할머니가 의주사람이었는데 당시 실제로 보릿고개를 초근목피를 삶아먹고 넘겼다고 했습니다. 그 정황이 얼마나 어려웠는지, 초근목피 먹고 대변보는 것이 애기 낳는 것보다 더 힘들었다고 하는 소리를 내가 직접 들었습니다. 당시 민중들은 산나물로 죽을 쑤어 연명하기가 다반사였습니다. 그런데 어느 날 절마당에 사람들이 가득 모여있는 것이었습니다. 경허는 사미승을 불러 그 연유를 물었지요.

　"뭔 일이 있기에 이렇게 사람들이 꼬여드는고?"

　"모르고 계셨습니까? 오늘 법당에서 큰 제사가 있습니다. 읍내에서 제일가는 갑부 강 부자댁 아버지 49재가 있는 날이지요."

　"49재를 올리는데 사람들이 왜 몰린단 말이냐?"

　"아이 스님두, 큰 제사가 벌어진다는 소문이 인근에 퍼졌으니, 제사 지낸 후 혹 제사떡이나 얻어먹을 수 있을까 해서 몰려드는 것은 당연한 일이 아니겠습니까?"

　경허는 그 길로 바로 법당으로 올라갔습니다. 부잣집 제사상답게 떡과 과일이 엄청 푸짐하게 잘 차려져 있었고 그 법당 문앞에는 굶주림에 지쳐 누렇게 뜬 얼굴들이 마른 침만 꿀꺽꿀꺽 삼키고 있는 것이었습니다.

주지스님 태허는 경허를 들어오라 하여 같이 재를 올리자고 했습니다. 이때 경허는 바구니를 들고 들어가 제사상에 있는 떡과 과일을 몽땅 남김없이 바구니에 쏟아 부었습니다. 너무도 순식간에 일어난 일이라 아무도 손을 쓸 수가 없었습니다. 경허는 바구니에 쓸어담은 과일과 떡을 재가 끝나기만을 기다리고 있던 마을사람들과 아이들에게 모조리 나누어주었습니다.

"세상에 이 무슨 미친 짓인고! 아버지 제사상을 망치다니!"

강 부자는 노발대발 경허의 멱살을 잡을 듯이 달려들었습니다. 이때 경허는 준엄하게 외칩니다.

"제주는 들으시오. 도대체 49재는 누구를 위해 올리려 했던 것입니까?"

"허허, 그것도 모르고 훼방을 놨는가? 우리 아버님 49재란 말이오. 우리 선친!"

경허는 차분하고 권위 있는 우람한 목소리로 말합니다.

"바로 그렇소이다. 돌아가신 아버님 망자께서는 49일 동안 중유中有를 떠돌다가 오늘 바로 이 순간 시왕님 앞에서 심사를 받습니다. 귀한 생명을 죽이지는 않았는가? 남의 재물을 훔치지는 않았는가? 목마른 사람에게 물을 나눠주었는가? 배고픈 사람에게 먹을 것을 주었는가? 어르신께서 생전에 그런 공덕을 많이 쌓으셨는지는 모르겠으되 삼악도三惡道(지옥도·아귀도·축생도)에 떨어지지 아니 하고 극락왕생케 해달라고 자손이 비는 제사를, 굶주린 사람들이 마른 침을 삼키고 있는 그 앞에서 올릴 수는 없는 일, 살아서 못다한 보시공덕, 이제라도 베풀고 제사를 올리는 것이 아버님을 위한 도리가 아니겠습니까?"

머슴살이 김 서방, 이 서방이 모두 부처님이외다

경허의 말에 강 부자는 감읍할 수밖에 없었습니다. 경허의 말은 진정성이 배어있어 타인을 설득하고 굴복시키는 힘이 있었지요. 빈 제사상에 울려퍼지는 독경소리는 더욱 그윽하고 성스러웠습니다. 49재를 기쁜 마음으로 올리고 난 강 부자는 경허에게 시주를 위해 돈보따리를 내어놓았습니다.

"대사님 법문 덕분에 돌아가신 아버님께서 극락왕생하시리라는 생각이 들어 마음이 아주 편해졌습니다. 그 보답으로 시주를 더 내놓고 가겠습니다."

"절간에 재물이 쌓이는 것은 수치스러운 일이외다. 이 돈으로 인근 30리 굶주린 백성들에게 양식을 나눠주시는 것이, 훗날 강 선생님께서 극락왕생하시는 큰 공덕이 될 것입니다."

"하지만 대사님, 저도 이 천장사 부처님께 시주를 해서 복을
좀 지어야 할 것 아니겠습니까?"

"부처님은 이 천장사에만 계시는 것이 아닙니다. 머슴살이 하
는 김 서방, 이 서방, 농사짓고 사는 박 첨지, 서 첨지, 이들이 다
부처님이오이다. 못 먹고 못 입는 사람들에게 보시하는 것이
부처님께 시주하는 것과 똑같은 것, 머슴이나 하인이나 백성
들을 잘 보살펴주시면 바로 그것이야말로 최상의 불공입니다."

49재: 윤회사상과 적선지가, 향아설위

49재란 원래 인도에 있던 습속이 아닙니다. 6세기경 중국에서 생겨
난 의식으로 불교의 윤회사상과 유교의 조상숭배ancestor worship사
상이 절충된 것입니다. 인도 본래의 사상에서는 윤회의 업보는 오직
그 개인 본인에게만 한정되는 것이죠. 따라서 자손의 효행에 영향을
받을 수도 없고 또 그 업보가 후손에게 전가될 수도 없습니다. 그러
나 중국에서는 이런 개인주의는 너무 차가워서 별 재미가 없어요. 공
동의 업보와 공동의 윤회가 게마인샤프트적인 동양문화권에서는 더
설득력을 갖게 된 것이죠. 『주역』곤괘「문언」에 있는 "적선지가積善
之家, 필유여경必有餘慶"(선을 쌓는 집안에는 그 집안 전체에 좋은 일이 넘친
다)이라는 말이 그러한 관념을 대표하지요.

여기 경허의 말은 기실 동시대의 사상가 해월의 "향아설위向我設
位"와도 상통하는 정신을 나타내고 있습니다. 경허의 형님이나 모친의
입장에서는 강 부자의 시주금이 얼마나 아쉬웠겠습니까마는 경허의

태도는 근원적으로 반체제적, 반제도권적anti-institutionalistic이라고 말할 수 있죠.

법문과 곡차

그의 제자 만공이 전하는 얘기가 이런 맥락에서 참 재미있습니다. 천장사에 어떤 사람이든 스님을 찾아와서 간곡히 불법佛法의 도리를 물으면 종일 그대로 앉아 있고 일체 입을 열지 않으셨다고 합니다. 그런데 누구든지 곡차를 가져와서 올리면 곡차를 자시고 난 후에는 종일이라도 법문을 하시었다고 합니다. 만공이 손님들이 간 후에 스님께 항의했습니다.

> "스님은 항상 만인평등을 가르치시는데 어찌하여 그렇게 편벽하십니까?"

경허 스님의 대답은 천하의 명언이었습니다. 만공의 생애를 지배하는 일언이었지요.

> "아이 이 사람아! 법문이라는 것은 술김에나 할 짓이지, 맨 정신으로는 할 게 못돼!"

만공은 이 말씀에서 불법의 깊이를 득파하였다고 합니다.

묘령의 여인과 경허

이제 마지막으로 한 소식만 더 하고, 나도 이 버거운 깨달음의 이야기들을 벗어날까 합니다.

동학혁명의 열기도 가라앉고, 해월이 교수형을 당한 무술년(1898) 겨울 어느 날, 찬바람이 무섭게 불어제치고 희끗희끗한 눈발이 날리는 저녁 무렵 천장사를 찾아든 젊은 여자가 하나 있었습니다. 얼굴을 보자기로 감싼 이 묘령의 여인은 두 눈만 보일 듯 말 듯 내놓은 채, 그 초라한 행색이 걸인에 다름없었습니다. 경내를 몇 번 살피다가 두리번거리더니 경허의 방문을 두드렸습니다.

"여보세요, 여보세요."

"거 밖에 누가 왔느냐?"

"여보세요, 문 좀 열어주세요."

경허가 방문을 여니 여자는 온몸을 떨며 서있었습니다.

"스님 제발 저를 방안으로 좀 들어가게 해주세요. 추워서 얼어 죽을 것만 같아요. 스님."

경허는 선뜻 방안에 들어오도록 허락합니다. 그런데 시봉을 들던 사미승이 그 광경을 보고 말았습니다. 눈이 솔방울만 해져서 만공에게 달려갔습니다.

"스님 스님 저 좀 보십시오."

"뭔 일이냐? 조실스님께서 날 찾으시든?"

"그게 아니옵고 ……"

"그럼 무슨 일인데 그러느냐?"

"이 말씀을 드려야할지 어떨지 잘 모르겠습니다만 ……"

출가한 수도자가 가장 경계해야 할 것이 여색이요 애욕이며, 수도의 가장 무서운 장애가 성욕이라는 것은 초기 승단의 계율로서 대대로 강조되어온 것입니다. 그런데 묘령의 여인이 경허의 방으로 들어가는 것을 보았으니 이는 결코 불문에서는 있을 수 없는 일이었습니다.

"무슨 일인데 그러느냐. 어서 말해보도록 하여라."

"저어~ 조실스님 방에 손님이 한 분 들어가셨는데요. 실은 그 손님이 좀 이상한 손님이라서요."

"이상한 손님이라니 그게 뭔 말이냐?"

"여자분이십니다."

"뭣! 여자?"

"쉿, 조실스님 방에까지 들리겠습니다."

"아니 그게 정말이냐? 틀림없이 보았단 말이냐?"

"제 눈으로 똑똑히 보았습죠. 치마를 입고 얼굴은 보자기로 가린 젊은 여자였습니다."

"네가 뭘 잘못 봤겠지. 설마 조실스님께서 여자를 방에 들이시기야 하겠느냐?"

"못 믿으시겠거든 직접 가보시면 알 것 아닙니까?"

"이 말을 누구에게도 발설치 말 것이다."

만공은 설마 하는 마음으로 경허의 방으로 살며시 다가가 귀를 기울였습니다. 인기척에 민감한 경허가 먼저 소리칩니다.

"밖에 누가 와있으렷다!"

"소승이옵니다. 손님이 오신 것 같다기에."

"내 그러지 않아도 부르려던 참이었다. 가까이 오너라."

"예. 차라도 끓여 올릴까요?"

"차는 필요없다. 빨리 저녁상을 봐와야 할 것이니라."

"알겠습니다. 스님."

"그리구 내가 미리 일러둘 것이 있으니 명심해서 어김이 없어
야 할 것이니라."

"분부만 내리십시오."

"내가 따로 허락하기 전에는 내 방에 들어오지 말 것이며, 방
문 앞에서 기웃거리지도 말 것이며, 방안에서 하는 이야기를
엿듣지도 말아야 할 것이니라."

"스님 분부대로 하겠습니다."

"오늘 공양상이 준비되었거든 방문 앞에 놓고 돌아갈 것이요,
매일 아침상은 겸상으로 차려서 가져와야 할 것이니라."

"하오면 스님, 손님께서는 오늘밤 여기서 묵고 가시게 되옵니까?"

"그러기에 아침공양을 준비하라 이르지 않았느냐?"

"아, 죄송합니다."

"내가 왜 이렇게 엄히 분부하는지 짐작을 하겠는가?"

"그저 조실스님 분부대로 지키기만 하겠사옵니다."

"내 방에는 지금 젊은 여자가 손님으로 와있느니라. 그리 알고 내가 이른 대로 어김 없이 시행해야 할 것이니라. 알겠느냐?"

제자 만공은 경허의 말을 듣는 순간, 눈앞이 캄캄해졌습니다. 아아~ 이 일을 어찌 하면 좋단 말인가! 술을 드시지 않나, 아무 앞에서나 옷을 훨훨 벗어던지시질 않나, 이번에는 또 여색까지 범하실 모양이니 대체 이를 어찌 하면 좋단 말가! 나무아미타불 관세음보살!

계율을 파하는 경허의 파격은 너무 과격하여 만공의 탄식은 깊어만 갔습니다. 경허가 여자를 방에 들여놓고 여러 날이 지나자, 자연 절식구들이 모두 그 사실을 알게 되었고, 있어서는 아니 될 일을 지켜보던 대중들은 마음이 흔들렸습니다. 마침내 이 사실을 알게 된 주지스님은 크게 노하였습니다.

"조실스님, 아침 공양상 갖다 놨습니다."

"알았으니 거기 놓았거든 물러가 있어야 할 것이니라."

"조실스님 ―"

"내 말이 들리지 않았느냐?"

"잘 듣고 있사옵니다."

"그러면 애당초 내가 이른 말을 벌써 다 잊었단 말인가?"

"하오나 스님, 주지스님의 저 독경소리가 들리지 않사옵니까?"

"독경소리가 뭐가 어쨌다는 것이냐?"

"조실스님 방에 여자가 있다는 것을 주지스님도 알고 계십니다. 주지스님만 알고 계시는 것이 아니라, 여러 대중들도 다 알게 되었습니다."

"잘하는 짓들이구나! 기왕이면 홍주는 물론 호서 일대에 소문을 쫘악 퍼뜨리지 그랬느냐, 천장사 경허가 망령이 들어 계율을 어기고 여색까지 탐하고 있다고 말이다."

"하오나 스님."

"듣기 싫으니 썩 물러가거라."

"스님께서 노여워하실 일이 아닌 줄 아옵니다. 조실스님께서 아무리 경계를 넘으셨고 무애의 만행을 하신다 해도 이번 일은 백번 지나치신 것 같사옵니다. 혜량하여 주시옵소서."

만공의 애원에도 불구하고 경허는 여자를 내보내지 않았습니다.
이런 가운데 열흘이 지나자 제자들은 도저히 더 이상 참을 수 없다
하여 분기하기에 이르렀습니다.

"스님 스님 큰일났습니다."

사미승이 달려와 애원하듯 경허를 부릅니다.

"왜 그러느냐?"

"큰일났습니다. 대중들이 몰려오고 있습니다. 방안에 있는 여
자를 내쫓지 않으면 조실스님까지 내쫓겠다고 합니다."

"여자를 내치지 않으면 날 내쫓겠다고?"

경허가 문을 열고 내다보니 대중들이 몰려오는 발걸음 소리가 들렸
습니다.

만공이 경허에게 간곡하게 청합니다.

"스님 제발 부탁이오니 이제 그만 여자를 밖으로 내치시옵소서."

"그래 내치지 않겠다면 날 이 절에서 내쫓겠다?"

"그러하옵니다. 스님."

어느새 몰려든 제자들 중의 한 명이 경허에게 따져 물었습니다. 그 묻는 태도가 여간 당당하지 않았습니다.

"아무리 조실스님이시지만 이게 말이나 되는 소립니까? 술 마시는 것만 해도 파계행위이거늘 이젠 여색까지 범하시다니 세상에 이게 출가사문이 할 짓입니까?"

두 눈을 지그시 감은 경허는 제자들 앞에 우두커니 서서 아무 말도 하지 않았습니다. 그때였습니다. 방안에 있던 묘령의 여자, 바로 그 여자가 밖으로 나오는 것이었습니다.

"응~ 바로 이 여자였구만 그래! 응~"

대중들은 혀를 차며 웅성거렸습니다.

"그렇습니다. 여러 스님네들, 제가 바로 스님 방에서 열흘 넘게 신세를 진 바로 그 여자이옵니다."

경허는 그 여자를 바라보며 허허롭게 웃습니다.

"내가 지은 복이 이것밖에 되질 않으니 면목이 없소이다."

"아니옵니다. 스님! 제가 열흘 동안 스님께 입은 은혜는 제 생애에서 다 갚을 수가 없을 것입니다."

경허는 방안으로 들어가 문을 닫았습니다. 툇마루에 서있던 여인은 머리에서부터 덮어 얼굴을 가리고 있던 보자기를 벗겨 내렸습니다. 그 순간, 앗차, 그 여자의 문드러진 코와 이지러진 눈썹이며 짓무른 살은 형체를 분간키 어려웠으며 손가락도 다 뭉그러져 있었습니다. 나병 말기환자였던 것입니다. 여자의 곁은 심한 악취로 인해 아무도 다가갈 수조차 없었습니다.

"아니 세상에 이럴 수가!"

"아니 스님, 이게 대체 어찌 된 일이오니이까?"

여자를 내쫓고자 몰려온 제자들은 순간 할 말을 잊고 말았습니다.

"보시다시피 저는 몹쓸 병에 걸려 얼굴도 짓물러 터지고 코도 손가락도 발가락도 뭉개져버린 이런 여자입니다. 춥고 배가 고파 구걸을 나가도 모두 더럽고 징그럽다고 기피할 뿐 어느 누구도 찬밥 한 덩이 주는 사람이 없었습니다. 그래서 생각다 못해 스님 방까지 두드리게 되었습니다. 스님께서는 제 언 몸을 녹여주시고 밥을 손수 먹여주셨으며 냄새나는 고름과 진물을 닦아주셨습니다. 평생 이런 호강은 처음입니다."

말을 하던 여자는 끝내 울음을 터뜨리고 말았습니다.

"스님, 저 세상에 가서라도 이 큰 은혜는 결코 잊지 않겠습니다."

여자가 눈물을 흘리며 흐느끼며 천장사를 떠난 뒤 제자들은 경허의 방문 앞에서 무릎을 꿇었습니다. 제자들은 어깨를 들썩이며 하염없이 뜨거운 눈물을 흘리고 있었습니다. 드디어 방문이 열리고 경허가 밖으로 나왔습니다. 한 손에는 주장자柱杖子, 등에는 걸망 하나 걸머진 모습이었습니다.

"스님, 이 어리석은 중생을 용서하여 주시옵소서."

"인연 없는 중생은 백년을 함께 살아도 아무 소용이 없느니라."

"스님, 떠나시면 아니 되옵니다. 스님 저희들이 미망에 사로잡혀 잘못했사오니 차라리 저희들을 죽여주시옵소서, 스님!"

애처롭게 땅바닥에 무릎 꿇고 비는 제자들의 회한도 스님의 발걸음을 돌릴 수는 없었습니다. 경허 스님은 이렇게 천장사를 떠났습니다. 그리고 다시 돌아오시지 않으셨습니다.

(이상 경허에 관한 기술은 내가 많은 책을 참고하였지만 다음의 3권만은 언급해두어야겠다.

1. 윤청광 지음, 『BBS 고승열전 11. 경허큰스님』, 서울: 우리출판사, 2011.

2. 일지 글. 『술에 취해 꽃밭에 누운 선승』. 서울: 민족사, 2012.

3. 경허성우선사법어집간행회. 『鏡虛法語』. 서울: 인물연구소, 1981.

경허의 대화구성에 관하여 나는 윤청광 선생의 책을 많이 활용하였다. 매우 명료하게 그 맥락을 잡아 설명한 그의 언어는 사계에 공헌한 바 크다 하겠다. 그러나 경허의 삶에 관해서는 어차피 정밀한 크로놀로지의 기술이 불가능하다는 것만을 부기해둔다. 일지는 나의 애제자였는데, 그만 46세의 젊은 나이로 입적하였다. 해맑은 그의 웃음과 얼굴이 항상 나에게 그리움을 불러일으킨다. 정밀한 학식의 소유자였고 선의 경지도 비범하였다. 이 자리를 빌어 그를 기억하고 있는 많은 사람들과 함께 애도의 뜻을 전한다.)

경허는 포폄의 대상이 될 수 없다! 이해의 대상일 뿐

경허에 관한 이야기는 지금까지도 많은 사람들의 구설 속에서 시비·포폄의 대상이 되고 있습니다. 그러나 경허는 이 시점에서 한국을 살고 있는 사람들에게 결코 포폄의 대상이 될 수 있는 그런 차원의 사람이 아닙니다. 오직 경허는 이해의 대상이 될 수 있을 뿐이죠.

나는 지금 여러분들에게 경허라는 한 인간의 개별적 이야기를 말하려 한 것이 아닙니다. 그가 대표하는 시대정신Zeitgeist, 한국불교의 새로운 분위기, 그 심오한 선풍禪風의 클라이막스를 상기시키고자 했던 것입니다.

만공과 동학사 야간법회

만공이 동학사에서 진암眞菴 스님을 모시고 행자생활을 할 때의 일입니다. 이때 경허는 동학사를 떠나 천장사에 머물고 있을 때였습니다.

경허는 진암 노스님에게 문안인사를 드렸습니다. 그때 어린 만공은 9척 거구의 경허 스님을 처음 뵈었다고 합니다. 그날 밤, 동학사에서 야간법회가 있었습니다. 본방 강주스님인 진암이 먼저 설법했습니다:

"나무도 삐뚤어지지 않고 곧아야 쓸모가 있으며, 그릇도 찌그러지지 않은 그릇이라야 쓸모가 있을 것이며, 사람도 마음이 불량치 말고 착하고 곧게 살아야 한다."

그리고는 다음에 경허 스님의 법문이 이어졌습니다:

"본방 강주스님께서 말씀하시기를, 반듯하고 정직해야 한다고 하였으나, 나는 그렇게 생각하지 않는다. 삐뚤어진 나무는 삐뚤어진 대로 곧고, 찌그러진 그릇은 찌그러진 대로 반듯하며, 불량하고 성실치 못한 사람은 그대로 착하고 성실함이 있느니라."

어려운 한문 문구를 현란하게 활용하지 않아도 아주 소박하게 그 명료한 뜻이 우리에게 전달되는 이 경허의 법문은, 그가 조선왕조를 지배하고 있었던 주자학의 권위주의, 그리고 유교에 아주 깊게 배어 있는 윤리적 엄격주의moral rigorism, 그리고 그에 못지않은 불교의 경직된 계율주의를 얼마나 본질적으로 거부하고 있었나 하는 것을 잘 말해줍니다. 이것은 그가 선의 경지를 말하기 전에 이미 철저한 근대정신의 소유자였을 뿐 아니라, 우리를 짓누르고 있던 모든 속박으로부터의 해탈을 구가하는 자유로운 영혼이었음을 말해줍니다. 경허의 정신세계는 차라리 유교 이전의, 불교 이전의, 우리민족 고유의 발랄한 정신세계로의 회귀를 의미하는 것이었을지도 모릅니다. 고운 최치원이 말한 "풍류風流"라고나 할까요.

더욱이 재미있는 사실은 이 법문을 들은 진암 스님이 오히려 자기의 행자 만공을 이 나라 불교계를 위하여 장차 큰 인물이 될 만한 재목이니 나보다는 당신 밑으로 가야한다고 하면서 경허에게 만공의 지도를 부탁했다는 사실입니다. 요즈음 같으면, 자기를 그 자리에서 묵사발 낸 스님을 존경하여 애제자의 미래를 부탁하는 그런 큰 아량을 찾아보기는 힘들 것 같습니다. 만공은 1884년 12월 8일, 천장사에서 태허 스님을 은사로, 경허 화상을 계사로 하여 사미계를 받고 득도하고 월면月面이라는 법명을 받습니다.

경허의 선풍이 20세기 조선불교를 지켰다

경허라는 존재의 역사적 의의는 바로 조선왕조가 하나의 문명체로서 그 유기체적 수명을 다해가는 그 처참한 쇠락의 폐허에서 피어난 화엄(꽃)이라는 데 있습니다. 1910년 조선왕조는 멸망하였고, 1911년 6월 3일, 일제는 제령7호(총독부령 83호)로서 "조선사찰령寺刹令"을 반포하였습니다. 경허는 1912년 4월 25일 갑산 웅이방熊耳坊 도하동道下洞에서 시적示寂하였습니다. 그 뒤로 한국불교는 30개의 본·말사체계로 개편되면서 조선총독부의 행정체계 하에 소속되었고 대처가 장려되었습니다. 한국불교를 근원적으로 왜색화시키려는 다양한 조처가 취해졌지만 크게 생각해보면 겉모양상의 변화와는 달리 그 내면의 불교정신은 일제강점시대를 통해서도 변함없이 유지되었습니다.

오늘날 우리나라 문화계의 각 방면을 평심하게 형량하면 학문, 예술, 경찰, 군대, 상업, 기업 …… 그 모든 분야가 왜색에 도배질당하지 않은 곳이 없습니다만, 불교문화는 크게 왜색화되지 않았습니다. 왜 그랬을까요? 바로 구한말 시기에 경허의 문하에서 만공월면滿空月面, 한암중원漢巖重遠, 혜월혜명慧月慧明, 수월음관水月音觀, 침운현주枕雲玄珠 등, 수없는 대덕이 쏟아져 나왔고, 그 법하法下에서 선·교 양면을 수학한 무수한 제자들이 일제강점이라는 엄혹한 시절에도 그 고매한 정신을 지켰기 때문입니다. 아무리 일본승려라 할지라도 경지의 지고함은 존경할 줄 알았으며, 경허의 문하생들의 선풍에 압도당할 수밖에 없었습니다.

만공의 반왜색 항일투쟁

경허의 훈도는 호서·경기·강원도·이북지역에 국한된 것이 아닙니다. 실제로 경허는 해인사·송광사·범어사와 같은 남쪽의 대찰에도 정신적 기둥으로 주석하면서 강풍講風을 바로잡았습니다. 범어사의 선원도 경허가 1900년에 창설한 것입니다. 만공은 일제강점기를 통해 의식적으로 왜색불교화를 저지하는데, 일본총독들을 꾸짖어가면서 그 도력을 발휘한 것으로 유명합니다.

정화운동(1954~62)의 한계

사실, 해방 후에 이승만정권이 종교를 정권유지의 방편으로 활용하는 저질스러운 짓들을 많이 하면서 오히려 기독교, 불교가 다 같이 망가져갔습니다. 청담이나 성철 스님으로 대변되는 불교정화운동이라고 하는 것이 그 내면에 "봉암사결사"와 같은 훌륭한 정신도 있었지만 결국 정치권력의 수단으로 악용되면서 불교계의 자생적 자정 노력이 펼쳐지지 못한 채, 공권력의 폭력에 의존케 됨으로써 결국 파행적인 해결책만 도모되었고, 불교정신 자체의 타락만 초래되었습니다. 그것은 오늘날 총무원장이라는 권좌를 놓고 벌어지고 있는 저열한 스님들의 행태에까지 연속되고 있는 것입니다.

자아! 내가 "진짜 중"이라는 말 한마디의 의미를 풀려고 했다가 여기까지 오고 말았는데 이제 그 의미를 말해보도록 하죠. 내가 말하는 "진짜"는 "가짜"와 대비되는 상대어가 아니라, "분위기"를 지칭하는 비근한 말입니다. 다시 말해서 명진이라는 인간에게는 그를 중다운 중으로 만들어주는 분위기의 특수한 훈도가 있었다는 것을 말하려는 것이죠. 물론 이러한 분위기의 혜택을 받은 자가 한두 명이 아닐 것입니다. 그러니까 "진짜 중"은 명진 말고도 무수히 많을 것입니다.

우리가 근세를 통하여 익숙한 이름들, 만해, 춘성, 효봉, 경봉, 운허, 월운, 청담, 성철, 탄허, 전강, 송담, 숭산 행원, 가산 지관 등등, 이루 다 열거할 수 없지만 이런 분들은 학식이나 경지의 고하를 막론하고, 서산에서 경허로 이어지는 조선불교의 대맥을 "분위기"로서 체화시킨 사람들입니다. 요즈음 대학 나와서 출가해서 승려가 되는 사람들과는 체험의 층차, 그 분위기가 다른 것 같습니다. 그런데 1960년대까지만 해도 우리나라 사찰의 분위기는 지금과는 너무도 달랐습니다. 나는 우리 아버지가 철도청 촉탁의사를 했기 때문에 일 년에 한 번 전 가족이 대절 전용기차를 타고 한국의 유명 사찰을 유람하는 매우 특별한 기회를 향유할 수 있었습니다. 나는 1950년대에 화엄사, 불국사, 통도사 등의 대찰을 순례하는 기이한 체험을 했습니다. 1960년대에 동진출가를 하여 유수한 대찰 강원의 엄숙한 과정 4년(사미과沙彌科, 사집과四集科, 사교과四敎科, 대교과大敎科)이라도 제대로 마친 사람이라고 한다면 그들은 조선불교의 정통적 분위기를 맛본, 그 혜맥의 끝자락 세대라고 나는 말하고 싶습니다. 1960년대까지만 해도 누구든지 남아라고 한다면 한번 출가의 꿈을 꾸는 그런 막연한 동경이 있었어요. 나도 그런 로맨스에 젖어 어린 시절을 보낸 사람 중의 하나입니다.

명진의 이야기

기실 나는 명진의 삶의 일대기에 관해 자세한 정보가 없습니다. 사실 그럴 필요가 없구요. 성인으로 만나 생각이 통하고, 인품의 질감을 통해 교제하는 것뿐이지요. 명진에게는 당대의 여타 스님과는 달리 강렬한 사회적 책임의식이 있습니다. 중이라 하면 쉽게 "도 닦으면 그만"이라는 식으로, 자기가 살고 있는 사회나 역사의 가치로부터 자신을 은폐하는 것을 당연지사로 아는데, 명진은 근원적으로 "도를 닦는다修道"하는 것을 공동체적 삶의 과정으로 이해하고, 공동의 사회적 선Common Good을 위하여 자기를 내던지는 일상적 가치를 실천하고 있습니다. 용기가 있는 사람이지요.

명진이 말하는 것을 들으면 얼핏 경상도 액센트가 강한 것처럼 들리는데, 기실 그는 충청남도 당진唐津 신평면新平面에서 태어났습니다. 그러나 여차여차 해서 초등학교는 부산에서 여러 학교를 전전하면서 다녔다고 합니다. 6개의 초등학교를 다녔다고 해요(당시는 초등학교를 다 "국민학교"라고 불렀음). 그리고는 다시 여차여차 해서 고향으로 돌아와 당진 송악면에 있는 송악중학교松嶽中學校를 다녔다고 합니다. 그런데 중학교 2학년 때 그만 젊은 여인을 사랑하는 상사병에 걸리고 맙니다. 이 젊은 여인, 당시 24세의 아리따운 얼굴과 정숙한 몸매를 지닌 이 여인은 누구였을까요? 불행하게도 이 여인은 송악중학교에 새로 부임한 영어선생님이었습니다. 매일 밤 이 선생님을 사모하여 잠 못 이루게 된 명진은 꾀를 하나 냈습니다. 명진은 이 새로 부임한 여선생님이 당진 사람이 아니었기 때문에, 교장선생님 사택 한 귀퉁이에 방을 얻어 세를 살고 있다는 것을 알아냈습니다.

> "선생님께 사랑을 고백하는 편지를 쓰자! 그 집 문깐에 편지를 집어넣으면 선생님은 반드시 편지를 읽어보실 것이다!"

그래서 명진은 용감하게 붓을 들었습니다:

> "사랑하는 선생님께
> 저는 선생님을 사랑합니다. 저는 선생님의 모든 것을 사랑합니다. 저는 커서 반드시 훌륭한 사람이 될 것입니다. 그때 선생님을 부인으로 맞아들이고 싶습니다. 제발 저의 이러한 생각이 허황되다 생각하여 무시하지 마시고 꼭 기다려주십시오. 제가 훌륭한 사람이 되어 선생님을 부인으로 맞아 모시고 평생 행복하게 사실 수 있도록 하겠습니다. 제 이 프로포즈를 무시하지 말아주십시오. 정말 선생님을 사랑합니다."

정말 황당하고 또 황당한 편지이지만, 명진은 결코 잘못된 일이라 생각하지 않았습니다. 순결하게 사랑하니까 그런 용기가 솟구친 것입니다. 프랑스 대통령 마크롱의 부인 브리지트가 24년 8개월 연상이라는 것, 그리고 고교 시절 선생님이었다는 것을 생각하면, 뭐 특별히 이상할 것도 없겠지만, 1960년 우리나라 일반윤리관념으로 생각하면 좀 기특奇特(기이하고 특별한)할 수도 있겠습니다. 그런데 이 편지를 객지에서 불현듯 접한 영어선생님은 닭살이 돋았습니다. 좀 공포스러웠습니다. 인생체험이 부족한 젊은 여선생이 이렇게 황당한 상황에 갑자기 맞부닥치게 되자 어찌할 바를 몰랐습니다. 그러나 이 사태를 객관적으로 여유 있게 형량하자면, 결코 공포스러운 일이 아닙니다. 우선 한기중(명진의 속명)이라는 학생의 행위는 황당하기는 해도 폭력적인 사태는 아닙니다. 그리고 문제의 테마가 "사랑"이고, 사랑은 표현이 가능하고 또 거절이 가능합니다. 그렇다면 명진을 불러다가 조용히 타이르고 대화로 풀어갈 수 있는 문제라고 생각합니다. 그런데 처녀인 여선생은 어쩔 줄을 모르고, 또 말 날 것 같아 타인에게 함부로 얘기할 수 있는 문제도 아니었습니다. 그래서 이 편지를 자기와 좀 말을 나눌 수 있었던 같은 학교 체육선생에게 주었습니다.

그런데 이 체육선생은 이 여선생님에게 연정을 품고 있었습니다. 그러니 이 편지를 보는 순간 한기중이 학생이 아닌 연적으로 비화되어 인식되는 것이었습니다. 대체로 체육선생님은 이런 사태를 이지적으로 풀어나갈 수 있는 사람은 아니었을 것입니다. 이 체육선생님은 한기중을 교무실로 부릅니다. 그리고 다짜고짜 기중이를 때립니다.

"야 이 새끼야~ 대가리에 피도 안 마른 놈이 이게 뭐야! 선생님에게 이런 편지를 써! 너 정신이 있는 놈야!"하면서 무식하게 사정없이 패는 것이었습니다.

 한 군의 입장에서 본다면, 사랑의 편지를 보냈다는 달콤한 꿈에 대한 보답으로 돌아오는 이 따귀는 전혀 설득이 되지 않는 사태였습니다. 그리고 체육선생이 생각치 못한 것이 있습니다. 중학교 2학년 학생이 선생님에게 결혼프로포즈의 편지를 보낼 정도라면, 결코 그런 학생은 만만하게 볼 수 있는 학생은 아니라는 것입니다. 명진은 이미 세상의 쓴맛 단맛을 다 보았고, 인간의 극한상황에 대한 체험이 있고, 명철한 가치판단이 있었습니다. 분명 그 체육선생의 폭력은 합리적인 수수授受가 아닌 일방적인 이유 없는 폭력이었습니다. 명진은 참을 수 없었죠. 눈에는 눈, 이에는 이, 함무라비법전의 말대로 화가 치밀어 오른 명진은 가차 없이 체육선생의 따귀를 세차게 맞받아쳤습니다. 아무리 어리다한들, 세파에 시달린 명진의 주먹은 용서 없이 얼떨떨한 체육선생의 급소를 찌르고 들어갔습니다. 따귀대회에서 명진은 완벽한 승자였습니다. 이 사태는 목격자들이 있었고 당연히 학교 전체의 토론의 대상이 되었습니다. 전통적인 한국사회에서 이런 사태가 논리적인 토론을 통하여 합리적인 해결에 도달한다는 것은 있을 수 없었습니다. 물론 학생에 대한 일방적인 징계가 있을 뿐이죠. 어린 학생은 무조건 복종해야만 하는 "약자"였습니다. 한기중에게 퇴학의 명령이 내려질 것이라는 소문이 들려왔습니다. 그러나 명진은 굴복할 수 없었습니다. 명진은 체육선생을 선생으로서가 아니라 연적으로서 때린 것이고, 영어선생님에게도 사랑을 표현한 것 외에는 특별히 잘못한 일이 없다고 느꼈습니다.

그래서 명진은 다음의 작전을 전개합니다. 명진은 억울했습니다. 그래서 잡화상을 하고 있는 친척집에 가서 석유통을 구해 가득 석유를 채워 담고, 그것을 멜빵으로 등에 지었습니다. 석유통을 멘 채 교장선생님 방으로 직행했습니다. 그리고 큰소리를 쳤습니다:

"선생님, 저는 무례를 범했을지는 모르나 따귀를 맞을 정도로 잘못한 일은 없습니다. 체육선생님이 저를 전후 사정 없이 다짜고짜 때린 것은 잘못된 일입니다. 저를 퇴학시키시겠다면 저는 이 석유로 모든 것을 불사르겠습니다. 저는 어차피 인생을 살 만큼 살았다고 생각합니다. 학교와 같이 불타 죽을지언정, 이런 징계는 받을 수 없습니다."

그 당시는 시골에 씨씨티비도 없고 파출소 인력도 없고, 밤에 누가 학교에 혼자 와서 무슨 짓을 한다면 그것을 막을 길은 없을 것입니다. 다행스럽게도, 학교 교장선생님은 매우 합리적이고 여유로운 분이었습니다. 그리고 이 사태는 결코 폭력적인 처벌로 좋은 결과를 도출할 수 없다는 교육자적 양심을 지닌 분이었습니다. 그리고 실제로 학교가 불타는 사태로 발전할 수 있는 가능성 또한 배제할 수가 없었습니다. 그만큼 명진의 태도는 단호했습니다. 명진은 어렸지만 삶의 비애를 너무 깊게 체험한 사람이었습니다. 교장선생님은 명진을 다독였습니다.

"그래! 너를 일방적으로 체벌한 것은 잘못된 것이다. 그러나 영어선생님께 편지를 보내고 체육선생님께 대든 것 또한 무

례한 행동이며, 학생들에게 귀감이 될 수 있는 일은 아니다. 그러니 너도 응분의 벌을 받아야겠지."

결국 퇴학은 취소되었고, 정학 3일의 가벼운 벌로써 이 일은 마무리되었습니다. 명진은 계속해서 학교를 잘 다녔고 무사히 졸업을 했습니다.

명진과 얘기를 하다 보면, 하루종일 이런 얘기가 그의 입에서 쏟아집니다. 어떤 때는 다 들어주기가 괴로울 때도 있습니다. 그러나 나는 이 얘기를 그에게 처음 들었을 때, "야~ 이거야말로 우리의 비근한 삶 속에서 일어나고 있는 우리의 진짜 공안이다"라는 생각이 들었습니다. 이런 모든 의식의 흐름에는 경허 선사의 슬픔이랄까, 그 우환의식이 가물가물 흐르고 있을지도 모르겠습니다.

물론 이것은 명진이 19세 때 해인사 백련암으로 출가하기 이전의, 불교와 직접적 관련이 없는 이야기입니다. 그러나 이런 삶의 얘기를 들을 때 나는 명진과 같은 사람들이 무엇인가 자기에게 닥친 실존적 상황을 타개해나가는 자세의 비범성이나 과단성 같은 것에 놀람을 금치 못합니다.

마조와 은봉

지앙시江西의 어느 절, 비탈길, 어느 젊은 스님이 손수레를 끌고 있었습니다. 그 비좁은 비탈길 아래 켠에 거대한 체구의 노장 조실스님이 다리를 뻗고 오수를 즐기고 있었습니다. 젊은 스님은 수레를 몰고 가면서 황망히 외쳤습니다.

"스님! 스님! 수레가 내려갑니다. 비키세요! 뻗은 다리를 오므리시라구요! 청사수족請師收足。"

조실스님이 눈을 번뜩 뜨면서 말했습니다.

"야 이놈이! 한번 뻗은 다리는 안 오무려! 이전불축已展不縮。"

그러자 젊은 스님이 외칩니다.

"한번 구른 수레는 빠꾸가 없습니다! 이진불퇴已進不退。"

아뿔싸! 굴러가는 수레바퀴는 조실스님의 발목을 깔아뭉개고 말았습니다. 딱 부러진 발목을 질질 끌고 법당에 들어간 조실스님, 거대한 황소 같은 체구에 호랑이 같은 눈을 부라리며 씩씩 대며 나오는 손엔 날카로운 칼날이 번뜩이는 큰 도끼가 쥐어져 있었습니다. 바라가 울리고 대웅전 앞 뜨락엔 대소 스님들이 총집결, 엄숙히 대열을 정돈했습니다.

"아까 어떤 놈이냐? 이 노승의 다리 위로 수레를 굴려 발목을 부러뜨린 놈이! 나와!"

이때 젊은 스님, 조금도 기개를 굽히지 않고 늠름하게 뚜벅뚜벅 걸어나와 조실스님 앞에 무릎 꿇고 가사를 제낍니다. 그리고 목을 푸른 도끼칼날 앞에 쑤욱 내밀었습니다.

그러자 그 긴장이 감도는 순간, 노승의 얼굴엔 인자한 화색이 만면, 도끼를 내려놓았습니다(이상은 내 책, 『話頭, 혜능과 셰익스피어』 pp.119~120을 참고할 것).

뭔가 명진의 이야기와 좀 통하는 것이 있지 않습니까? 도대체 이들은 뭔 지랄을 하고 있는 것일까요? 요기 조실스님은 바로 중국선종사의 거봉 마조도일馬祖道一, 709~788(남악회양南嶽懷讓의 제자. 마조의 제자 중 한 사람이 남전南泉이고 남전의 제자가 그 유명한 조주趙州이다)을 가리킵니다. 젊은 스님은 오대산五臺山 은봉隱峰, 마조의 139인 입실 제자 중의 한 명이죠. 마조는 퍽 너그러운 선생이었던 것 같습니다. 은봉의 객끼를 인가해준 셈이니까요.

안거

"안거安居"라는 말, 들어보신 적 있으신가요? 문자 그대로 "편안히 거한다"는 뜻이지만, 사실은 밖에 나가지 않고 집안에서만 지낸다는 뜻입니다. 사실 초기 인도불교승단에서는 6월 초부터 9월까지 약 3·4개월 동안 몬순기가 지속되기 때문에 그 기간 동안 바깥출입을 금하고 한 곳에 정주定住하여 수행에 전념토록 한 승단의 법규를 의미했습니다. 비가 내리면 저지대에 있는 개미, 파충류들이 모두 고지대로 이동하기 때문에 수행자들이 유행遊行하게 되면 본의 아니게 생명을 죽이는 결과를 초래하므로 바깥출입을 못하게 한 것입니다. 그러니까 안거는 본래 우안거雨安居였고, 이 우안거는 여름 한 철의 하안거夏安居밖에는 없었습니다. 동안거冬安居가 없었던 것이죠. 그런데 중국이나 한국의 추운 지대로 불교가 전파됨에 따라 추운 지방에서는 동안거의 의미가 중요하게 되었습니다. 추운 겨울에 돌아다니는 것이 어려우니까요. 그래서 한대지역인 중국·한국·일본에서는 동안거를 설안거雪安居라고도 부릅니다. 안거는 편안하게 사는 것이 아니라 지독한 수행을 하는 것으로 그 의미가 변천되어 갔습니다. 여름 90일, 겨울 90일 동안 지독한 자기와의 싸움을 벌이는 것이죠. 그래서 그 결투의 시작을 결제結制라 하고 그 결투가 끝나는 것을 해제解制라고 합니다.

해인사 반살림

그런데 이 90일간의 싸움기간 동안의 한 중간이 되는 45일을 "반살림" 또는 "반결제"라고도 부릅니다. 그때에는 시작이 반인데 이미 반을 잘 채웠으니 나머지 기간도 아무런 마장魔障이 없이 공부 잘 하라는 뜻으로 큰 행사를 합니다. 성찬을 준비하여 대중공양을 하기도 하고, 중요한 것은 방장스님께서 설법을 하시는 것입니다. 당대의 해인사 총림 방장스님은 성철性徹, 1912~1993(경허 스님 돌아가신 해에 태어남)이라는 분이었는데, 해방 후 정화운동과정을 통하여 한국불교, 특히 비구승단의 중심점이 되신 분으로 엄청난 권위를 축적해온 거목이었습니다. 학인들은 감히 궐내에서 고개 들고 쳐다보지도 못하는 서슬퍼런 존재였습니다.

법문이 이루어지는 곳은 대웅전 앞마당 삼중석탑三重石塔이 있는 곳에서 왼쪽으로 기다랗게 서있는 강당講堂인 궁현당(窮玄堂: 신라시대 동호대사東護大師가 강법지당講法之堂으로서 시창始創하였다고 하나 자세한 시말은 알 길이 없고, 중수기에 의거하여 이 건물이 성종成宗 21년, 1490년에 학조대사學祖大師의 감독으로 중창되었다는 것은 알 수 있다. 관세음보살상이 모셔져 있다. 3동 80칸으로 293평에 이르는 큰 건물이다. 실제로 해인사의 추요樞要라고 상량문에 쓰여져 있다)이었습니다. 당시 동안거였기 때문에 바닥이 따뜻한 궁현당을 사용했습니다. 성철 스님이 나오실 때는 해인사 역내의 비구·비구니가 다 모이고 또 재가신도들도 참여할 수 있었기 때문에 500여 명 가량이 꽉 들어찬 장엄한 분위기였습니다. 죽비가 쳐지고 입정하면서 법상에 올라앉은 성철 스님은 경상도 사투리 액센트 (경남 산청 사람)에 짙은 한문투의 문구로 이루어진 말들을 쏟아냅니다. 이때 법거량法擧揚(법의 경지를 겨루어보는 말싸움)을 작정한 명진이 대중 속에서 불쑥 일어나 성철을 향해 외칩니다.

"저 놈의 성철의 모가지를 한 칼에 쳐서 현당 밖 마당에 내던지면 그 죄가 몇 근이나 될꼬?"

참으로 과격한 언사입니다. 그러나 당시 28세였던 명진의 입장에서 보면 참으로 용기 있는 행동이었죠. 아무도 감히 성철의 모가지를 칠 생각은 못했으니까요. 명진이 이 말을 내뱉었을 때는 성철의 답변에 대한 논리적 반박문구들을 몇 초식招式은 미리 준비해두었을 겁니다. 그러나 명진의 가장 긴박한 문제는 한학의 밑천이 딸렸다는 데 있었습니다. 한문투는 시적詩的이고, 한글투는 산문적이라는 데 그 특성이 있습니다. 시적이라는 것은 논리적 전개를 절단시킨다는 것이죠. 이러한 시적 대응에 명진은 속수무책이었던 것이죠.

퇴옹 성철은 이러한 사태에 매우 노련했습니다.

"백골연산白骨連山이다!"

우선 명진은 이 간결한 말의 뜻을 정확히 파악할 길이 없었습니다. 이것은 아마도 하이얀 백골들이 쌓여 산을 이루었다는 뜻일 텐데 결국 아무런 의미가 없는 말입니다. 그것은 이미 떨어진 모가지가 산같이 쌓였다는 뜻으로, 조사들의 잘린 모가지가 이미 산처럼 쌓여있는데 네가 뭘 또 다시 내 모가지를 치겠다고 까부느냐 뭐 이 정도의 뜻이겠죠. 그러나 의미를 따지려고 들면 이미 지는 것입니다. 비논리적인 명제를 논리적으로 대응하려는 순간 이미 경지의 얕음이 폭로되는 것이죠. 아마도 이 말의 진정한 뜻은, "야 이 새끼야! 너 죽었다" 정도의 의미일 것입니다. 도올이 그 자리에 있었더라면 이런 식으로 응구했을 것입니다.

"백골이귀공白骨已歸空인데 하운산何云山이리오?"
(백골은 이미 공으로 돌아갔는데 어찌하여 산을 말하는고?)

혹은

"흑골파산黑骨破山"
(흑골이 산을 깨버렸다)

하여튼 말이 안되는 말을 계속 씨부렁거려대면(한문으로 끝없이 대구를 만들 수 있으니깐요) 아마 성철이라 한들 지쳐 나가떨어졌을 것입니다.

그러나 논리적 답변을 준비했던 명진의 초식은 일시에 쓸모없는 것이 되어 버렸고, 뜻뜻 머뭇거리는 명진에게 성철은 욕지거리를 퍼붓습니다.

"저 놈은 행자시절부터 목청을 높이더니 공부는 안 하고 쓸데없는 짓만 도모하고 있구나 ……"한마디로 명진은 대중 앞에 "좆돼불은" 것이죠. 그러나 명진은 계속 칼을 갈았습니다. 그러나 성철은 다시 명진 앞에 나타나질 않았습니다. 성철은 명진을 행자 때부터 매우 사랑했다고 합니다. 그리고 명진이 해인사를 떠난 것을 매우 아쉬워 했다고 합니다. 그러나 성철 스님은 명진이라는 인간의 가능성을 명진답게 발양할 수 있도록 만들어 주는 너그러운 교육의 방편을 가지고 있었던 스님은 아니었습니다(해인사의 역시 큰 스님이신 가산 지관 스님께서는 나에게 이 사건을 언급하시면서 명진의 그릇됨이 "대단하다"라고 말씀하셨죠. 나중에 가산 스님은 총무원장 소임을 맡게 되자 명진을 봉은사 주지로 임명하셨습니다).

성철 스님의 입장

성철은 불교정화운동의 한복판에서 계율적인 엄격주의를 주장했기 때문에 경허-만공계열의 선풍을 좋아하지 않았습니다. 그들의 막행막식이 새로 태어나는 순결한 비구종단에 악영향을 끼친다고 생각했던 것입니다. 그가 1947년 봉암사결사를 묘사한 글을 보면 그의 입장이 잘 드러나 있습니다:

"우리가 어떻게 방침을 세웠느냐 하면, 전체적으로나 개인적으로나 임시적인 이익관계를 떠나서 오직 부처님 법대로만 살아보자. 무엇이든지 잘못된 것은 고치고 해서 부처님 법대로만 살아보자. 이것이 원願이었습니다. 즉 근본목표다 이 말입니다."

"부처님 법대로만 살아보자"는 성철의 근본주의적 입장은 매우 고귀한 측면이 분명 있고, 정화운동의 소용돌이 속에서도 한 줄기 순결한 빛줄기로서 큰 효용이 있었습니다. 그러나 문제는 성철 본인이 부처님 법의 진면목을 대중화시키지 못했다는데 있습니다. 성철은 수행승으로서의 철저함이 있고 교학불교에도 탁월한 실력이 있는 거목이었습니다. 그러나 그를 따르는 제자들이 그를 권위주의적 아상 속에 가두어 놓았습니다. 이러한 문제에 관하여서는 성철 스님 본인에게도 근원적 책임이 있습니다. 그는 "부처님 법"의 사회적 맥락을 보다 개방적으로 보다 철저하게 이해했어야 했다는 것이 저의 소견입니다.

조선불교는 중국불교를 뛰어넘는다

내가 한국불교계의 문제점에 관해서 해야 할 이야기들이 너무도 많지만 이제 함구불언하려 합니다. 내가 얘기하려 하는 것은 한국불교의 문벌싸움, 일종의 불교종파주의 싸움에 관한 것이 아닙니다. 불교계에서 도를 닦는다고 하는 사람들의 치열한 삶을 소개하고 싶었고, 우리나라의 불교전통이야말로 당·송의 불학을 뛰어넘는 우리민족의 고유한, 독자적인 삶과 가치와 느낌의 결정체라는 것을 말하려는 것이었죠. 이것을 바르게 이해하는 것만이 우리민족의 새로운 정신사적 활로라는 것을 이 조선땅의 미래세대들에게 말하려는 것입니다.

그 방편으로 내가 택한 불교의 진리체계가 『반야심경般若心經』이라는 것입니다. 여기까지가 본서의 서론이 되겠습니다. 이제부터 본론인 『반야심경』으로 직입하도록 하겠습니다.

여태까지 저는 "선禪"이라고 하는 것을 말씀드렸습니다. 보다 정확하게는 선사들의 삶의 이야기를 전해드렸는데, 우선 우리가 별 생각 없이 쓰고 있는 "선불교"(일본의 영향으로 세계적으로 Zen Buddhism이라는 용어가 많이 쓰이고 있습니다만, 우리는 영역할 때 Seon Buddhism이라고 해야겠죠)라는 말자체가 알고 보면 매우 이상한 개념입니다. 불교면 그냥 불교이지, 선불교가 따로 있을 수는 없다는 것입니다. 다시 말해서 "선종禪宗"이라는 종파가 중국 당나라에서 발생하여 우리나라에 전파된 것은 역사적 사실이지만 실제로 선종의 본래면목을 보존하고 발전시킨 것은 조선불교일 뿐입니다. 중국에서는 송대 이후 불교다운 불교가 점점 인멸하여 지금은 그 진면목을 찾아보기 어렵습니다. 그렇지만 한국의 불교를 선종이라는 종파적 의식 속에서 바라보아서는 아니 된다는 것입니다.

한국의 불교는 선불교가 아니라 통불교이다

한국의 불교는 불교의 원래의 모습을 통째로 보전한 "통불교"라는 것입니다. 다시 말해서 경허 같은 사람이 고뇌하고 있는 것은, 훌륭한 "선사"가 되기 위한 노력이 아니라, 단지 불교가 가르쳐준 근본진리를 통해 참다운 "인간"이 되고자 하는 아주 보편적이고, 기본적이고, 상식적인 인간학의 과제상황이었습니다. 다시 말해서 "선"이라는 것이 무슨 종파의 으뜸 원리 같은 것이 될 수 없다는 말입니다.

교외별전教外別傳(선종의 진리는 붓다의 언어적 가르침과는 별도로 전해내려온 진리다), 불립문자不立文字(선종의 진리는 인간의 언어를 통해 파악되지 않는다. 문자를 세우지 마라), 직지인심直指人心(수많은 경전을 읽을 생각 말고 곧바로 사람의 마음을 가리켜라), 견성성불見性成佛(사람의 본래 성품을 보기만 하면[드러내기만 하면] 너는 곧 부처가 된다)의 4구를 기인旗印으로 내걸고, 조사들의 공안을 자신의 심지를 단련시키는 깨달음의 열쇠처럼 숭앙崇仰하고, 좌선坐禪에 몰두하는 집단을 우리가 "선종"이라는 별칭으로 부를 필요가 없다는 것입니다.

선불교: 인도불교의 중국화과정

선불교는 물론 인도불교에 없는 개념이고, 인도불교사에는 선종이라는 종파가 성립한 적이 없습니다. 기실 선불교라는 것은 인도의 불교가 중국에 전래되어 점점 중국적인 풍토와 언어와 심성, 그리고 사회적 여건에 적응하여 간 종국에, 다시 말해서 인도불교의 중국화과정Sinicization process의 정점에서 자연스럽게 나타난 불교의 모습일 뿐이죠. 불교의 변화상變化相일 뿐이죠. 산문적인 불교가 운문적인 불교로, 논리적인 불교가 초논리적 불교로, 논술적인 불교가 시적인 불교로, 다시 말해서 산스크리트어의 틀 속의 사고체계가 고전중국어의 틀 속의 사고체계로 변해가는 과정의 극단적 사례가 선불교의 제반현상이라고 말할 수 있습니다. "선禪"이라는 말은 본래 그 자체로 의미를 갖는 말이 아닙니다. 댜나dhyāna(산스크리트어), 자나jhāna(팔리어)의 음역으로 생겨난 말입니다. 원래 "선나禪那"라고 썼던 것인데, 약해서 "선"이라 한 것이죠.

댜나라는 것은 뭐 특별한 제식적 의미가 있는 것이 아니고, 그냥 "명상" "정신집중" "마음을 차분히 가라앉혀 심신을 통일시키는 것"을 의미합니다. 그래서 의역意譯할 때는, "정려靜慮"(고요히 사색한다), "정定"(마음을 한 군데로 정한다), "사유思惟"(생각한다), "수정修定" 등의 단어가 쓰였습니다. 정려, 집중, 정신통일과 같은 의미로 쓰는 말이 바로 "삼매三昧samādhi"(삼매도 산스크리트어의 음역일 뿐, 그 자체로 뜻이 있는 것이 아니다. 뜻으로 하면 '세 가지 우매함'이 되는데 전혀 가당치 않다)라는 뜻입니다. 그러니까 "선"이나 "삼매"는 그냥 비슷한 옛 인도말입니다.

선, 삼매, 요가

그리고 또 비슷한 말이 하나 더 있습니다. "요가yoga"라는 말이지요. 우리나라에 "요가"는 아주 흔한 운동법으로 알려져 있기 때문에 독자들이 어렵지 않게 이해를 하시겠네요. 요가는 한자로 "유가瑜伽"라고 음역되었습니다. 그런데 요가는 "매듭짓는다" "묶는다"라는 뜻의 동사 "유지yuj-"에서 파생된 말인데 그것은 결국 해탈을 향한 깨달음의 수련을 하기 위하여 "마음을 묶는다," "마음을 결속結束시킨다"는 뜻이니까 "심신통일" "정신집중" 등의 말과 별로 다를 게 없습니다.

"요가"를 초기불교교전에서는 "상응相應"이라는 말로 의역했습니다. "상응"이란 "서로 감응한다"는 뜻이니까, 그것은 대상세계(불교에서는 "경境"이라 한다)와 나의 마음이 하나로 융합된다는 뜻입니다. 그것은 곧 삼매의 경지에 이르는 정력(定力: 집중하는 능력. 마음을 정하는 능력이 자유자재롭다는 뜻)이 자재하다는 뜻입니다. 그러니까 아주 쉽게 말하자면, 선이니 삼매니 요가니 하는 말들이 뭐 대단히 어려운 철학적 용어가 아니라 "정신집중" 정도의 아주 비근한 인도말의 다양한 표현일 뿐이라는 것이죠.

재미있는 것은 요가수행을 강조한 "유가행파瑜伽行派Yogācara"라는 학파가 있는데 그 학파가 중국에서는 "유식파唯識派"로 불리게 됩니다. 바로 요가수행은 인간의 의식을 어떻게 고양시키는가 하는 전식성지轉識成智(인간의 의식을 전환시켜 궁극적 지혜에 도달케 한다. 전식득지轉識得智라고도 함)를 목표로 하기 때문에 요가수행은 인간의 의식의 분석으로 심입深入했습니다.

법상종이란?

그리고 이 학파는 법의 본질(性성)을 다루지 않고 법이 드러나는 의식의 현상(相상)을 다루기 때문에 "법상종法相宗"이라고 불리기도 합니다. 제 말이 다시 너무 학술적으로 흘러가고 있습니다만, 겉으로는 아주 다른 것 같지만 "요가행파" "유식종" "법상종"은 거의 같은 말이라고만 이해하시면 됩니다. 그러니까 이 법상종(유식종)에 의하여 아주 복잡한 불교인식론이 만들어졌고, 선의 궁극적 의미도 이러한 인식론적 바탕을 이해해야만 확연하게 풀린다는 것만을 얘기해놓고 넘어가겠습니다. 단순히 선사들의 공안의 문제만은 아니라는 것이죠.

선(댜나), 삼매, 요가 등등은 본시 인도사람들의 생활습관 속에 배어 있는 수행방식일 뿐, 그것이 그러한 생활습관과 분리되어 있는 어떤

지고한 철학적 경지나 신비한 체험, 혹은 인간의 정신이 도달해야만 하는 어떤 실체적 코스모스를 의미하는 것이 아니라는 것을 명심하셔야 할 것입니다.

그런데 "선禪"이라는 낱말은 그것이 한역漢譯되는 과정에서 아주 묘한 의미를 지니게 되었습니다.

댜나의 음역 속에 겹친 속뜻

자아~ "선"은 분명 단순한 "댜나"의 음역이며, 음역은 그 자체로 아무런 의미가 없었습니다. 트럼프 대통령은 "특랑보特朗普telangpu"라고 음역하는데 "특랑보"가 그 자체로는 아무런 의미를 못 갖는 것과도 같습니다. 그런데 중국인들은 자고로 음역과 의역을 겹쳐서 말을 만드는 취미가 있습니다. "미니스커트"라 말할 때 "미니mini"를 "迷你mini"라고 음역했는데 그것은 "너를 유혹한다"라는 뜻이 됩니다. 단순한 음역에 자체 단어의 의미를 겹치게 만든 것이죠.

"선禪"은 단순한 음에서 나온 말이지만 중국사람들에게 그것은 본래적으로 매우 신성하고 거룩한 의미를 지니는 말이었습니다. 그것은 "봉선封禪"이라는, 오직 천자만이 지낼 수 있는 제사를 의미하는 것이었습니다. 봉封은 본시 신성한 산에 지내는 제사였고 선禪은 제단을 설하여 하늘에 제사를 지내는 것을 의미했습니다. "선禪"이라는 글자를 보면 보일 시示 자와 단單이라는 성부聲符로 구성되어 있는데 "시"는 하늘의 신령한 기운이 하강하는 모습을 나타내며, "단"은 제단을 의미하는 "단壇"자와 통합니다. 이 태산 봉선제는 중국

한국불교의 흐름과 그 본질적 성격 **117**

황제 중에서도 진시황, 한무제, 당고종, 당현종, 송진종 등 몇 명만이 거행할 수 있었던 지고의 대전大典이었습니다. 최초로 댜나를 번역한 사람이 어떠한 맥락에서 이 글자를 선택했는지는 모르지만 중국인들의 관념 속에서 "선禪"은 우주의 신령한 기운과 감응한다는 신비로운 느낌이 드는 함의를 지니고 있다는 것은 어김없는 사실입니다.

"선"이라는 번역은 참으로 깡다귀 좋은 번역이지요. 그래서 선종이 신비로운 기운을 얻었을지도 모릅니다. 그리고 특히 선종은 "의발전수衣鉢傳授"라고 하는 관념이 있어 사승관계의 족보를 엄격히 따지는 문벌의식을 강하게 표방하게 되었습니다. 사실 그 따위 의발수수의 짓거리는 결코 바람직한 것이 아니죠. 불교를 편협한 종파주의로 휘모는 편협한 짓거리입니다.

교와 선, 이와 사의 구분은 있을 수 없다

나는 불교를 선종이니 교종이니 운운하고, 이판理判(좌선수행을 주로 하는 선승)이니 사판事判(조직운영을 책임지는 살림꾼들)이니 하여, 분별적으로 이해하는 모든 이분법적 논리를 거부합니다. 불교사를 다루는 데 있어 방편적으로 쓰지 않을 수 없는 개념들이기는 하지만, 근본적으로 "교敎"와 "선禪"이 양대산맥인 것처럼 이해하는 것은 넌센스 중의 넌센스입니다. 우리는 교종·선종을 운운하기 전에 불교 그 자체를 고구考究하여야 합니다. 우리나라에서는 공부를 많이 하는 학승은 선경禪境이 높질 못하고, 좌선만 하다가 득도했다 하는 스님들은 무식하기 그지없다고 스님들이 서로서로 비난하는 소리가 잘 들려와요. 선과 교를 분별적으로 말하는 사람들의 의식구조에는 이런 대립각이 깔려 있는 것이죠. 그러나 우리가 똑바로 인식해야 하는 것은 서산대사나 경허대사나 그런 류의 대덕들이 모두 치열한 선적인 구도의 삶을 살았지만, 그들이 오늘 우리에게 추앙을 받는 이유는 바로 그들이 교학불교의 마스터라는 데 있습니다. 지눌도 그러했고, 원효의 시대에는 선이라는 것이 따로 없었습니다.

임제 법문의 궁극적 의미

모든 종파를 초월하여 성상태현性相台賢(성은 법성法性을 말하며 삼론종三論宗을 의미, 상은 법상法相을 말하며 유식종을 의미, 태는 천태종天台宗, 현은 현수종賢首宗, 즉 화엄종華嚴宗을 의미한다)의 불교경전을 골고루 섭렵하였으며, 그 이전에 이미 유교의 기본경전과 도가의 경전들을 통독한 사람들이라는 것이죠. 책을 읽고 사색한다는 것 자체가 좌선의 용맹정진과 똑같은 삼매三昧입니다. 어떻게 지식을 배제하고 높은 선경禪境에 이를 수 있겠습니까?

아예 이렇게 생각해보죠. 선종의 마지막 대가 중의 한 사람이었던 임제의현臨濟義玄(?~867)은 이렇게 말했어요: "야 이놈들아! 불법이란 본시 힘쓸 일이 없나니라(불법무용공처佛法無用功處). 단지 평상심으로 무사히 지내면 되나니라(지시평상무사只是平常無事). 너희들이 옷 입고 밥 처먹고(착의끽반著衣喫飯), 똥 싸고 오줌 누고(아시송뇨屙屎送尿), 졸리면 자고(곤래즉와困來卽臥), 하는 짓이 다 선이 아니고 무엇이란 말이냐!"

임제는 또 말하지요: "이놈들아! 뭘 추구하겠다구, 발바닥이 닳도록 사방을 쏴다니고 있는 게냐? 원래 너희들이 구할 수 있는 부처라는

게 없는 것이요(무불가구無佛可求), 성취할 수 있는 도라는 게 없는 것이요(무도가성無道可成), 얻을 수 있는 법이라는 게 없는 것이다(무법가득無法可得). 진짜 부처는 형이 없고(진불무형眞佛無形), 진짜 도는 체가 없고(진도무체眞道無體), 진짜 법은 상이 없나니라(진법무상眞法無相). 이 삼법三法은 혼융混融하여 하나로 수렴되어 있거늘 이 사실을 분변하지 못한다면 너는 영원히 미망의 바다를 헤매는 업식중생業識衆生에 불과하도다!"

밥 먹고 똥 싸는 것, 졸리면 자곤 하는 것이 선禪이다? 이 깊은 뜻을 조금 헤아릴 줄 아는 사람이라면, 이 말이 결코 쉽게 넘어가는 일상을 의미하는 것이 아니라는 것을 깨달아야 할 것입니다. 임제는 여기서 "일상의 삶" 그 모든 것이 선이라고 말하면서, 실제는 모든 종교적 환상의 실체성을 거부하고 있는 것입니다. 불佛도 없고, 도道도 없고, 법法도 없다. 그냥 삶이 있을 뿐이다! 그럼 무엇이냐? 그걸 말해보자!

3장

싯달타에서
대승불교까지

우리는 지금 여기서 선禪을 얘기해서는 아니 됩니다. 우리는 불교의 근본교리, 그 근원적 지향성을 우선 깨달아야 합니다.

불교의 교리에 관한 천만 가지 법설이 난무하지만, 나는 여러분께 내가 불교학개론 첫 시간에 배운 누구나 쉽게 접하는 세 마디를 우선 전해드리고 싶습니다. 불교의 교리를 특징 지우는 세 개의 인장과도 같은 것, 바로 삼법인三法印이라고 부르는 것이죠. 사실 이 삼법인이라는 것만 정확히 알아도 불교에 관한 모든 논의는 종료됩니다. 더 이상 말할 필요가 없는 것이죠. 다시 말해서 우리의 이해체계에 이 세 개의 도장만 확실히 찍히면 확고한 인식에 도달했다고 말할 수 있습니다. 기독교신학에는 이런 식의 확고한 기준이 되는 법인dharmoddāna이 없습니다. 그래서 가짜, 이단이 난무하는 역사, 그리스도와 안티그리스도, 정통과 이단, 합리와 신비가 대결하는 역사가 계속되어 왔습니다. 그러나 불교는 수승殊勝한 이해와 미흡한 이해라는 차별은 있다 해도, 확고한 법인이 있었기 때문에 매우 포용적인 발전상을 축적해 왔습니다.

삼법인 또는 사법인

이 도장은 보통 3개로 말하여지지만 4개, 즉 사법인四法印으로 불릴 때도 있습니다. 사법인 중에서 무엇을 빼서 삼법인으로 만드는가 하는 것은 또 지역이나 학파에 따라 다르기도 합니다. 우선 4법인을 다 써놓고 이야기를 시작해보죠.

1. **제행무상** 諸行無常

2. **일체개고** 一切皆苦

3. **제법무아** 諸法無我

4. **열반적정** 涅槃寂靜

보통 3법인이라 하면 1·3·4를 의미합니다만, 남방상좌부불교에서는 4를 빼버리고 1·2·3을 불교의 특상特相tilakkhaṇa(특별한 모습)이라고 규정합니다.

행의 의미

기실 일체개고와 제행무상은 한 동전의 양면 같은 성격이 있습니다.

제행이 무상하면 모든 것이 "고苦"로 느껴질 수 있으니까요. 제행의 "행行"은 우리말로는 "간다"는 뜻이지만, 그 원어인 "삼스카라samskārā"는 "드러난 것" "만들어진 것"을 의미하며 "제행諸行"은 나의 인식세계에 드러나는 모든 현상phenomena을 의미합니다. 그러니까 우리가 인식하는 모든 사물, 사건, 그 모든 것은 항상됨이 없다는 것입니다. 즉 찰나찰나 변하고 있다는 뜻이지요. 싯달타가 보리수 밑에서 제일 먼저 깨달은 진리는 "연기"라는 것인데 "연緣"이라는 것은 원인의 뜻이고, "기起"라는 것은 연으로 해서 "일어나는" 결과의 뜻입니다. 그러니까 어떠한 사물도 그것 자체로 단절적으로 존재하는 것은 없으며, 반드시 원인이 있으며 그 원인의 변화가 오면 결과는 반드시 변하게 마련입니다.

연기

나는 지금 배가 부릅니다. 그런데 이 현상(行행)은 그냥 단절적인 절대적인 사태가 아니라 반드시 "연緣"에 의존하고 있습니다. 내가 지금 배가 부른 것은 조금 전에 밥을 먹었기 때문입니다. 밥을 계속해서 공급받지 못하면 곧 배가 고파집니다. 그러니까 모든 현상은 항상된 상태를 유지하지 못합니다. 찰나찰나 변해가고 있는 것입니다. 갑돌이와 갑순이는 서로 열렬하게 사랑하고 있습니다. 그러나 이 사랑은 그 사랑을 가능케 하는 다양한 소스의 원인이 있습니다. 그러나 그 원인이 변화를 일으키게 되면(사실 변화를 안 일으킬 수 없지요) 사랑이라는 사태는 변화를 일으킵니다. 사랑이 식어버리는 것이죠. 항상스러울 수가 없는 것이죠. 그럼 갑돌이와 갑순이는 "사랑이란 무상無常하다"라고 말할 것입니다. 영원하기를 기대했던 사람들에게 사랑의

식음이란 매우 고통스러운 것이죠. 그래서 그들은 말할 것입니다. "사랑은 고苦다" 그러니까 제행무상과 일체개고라는 것은 이런 방식으로 연결되어 있는 것이죠. 그러나 "일체개고"라는 것은 불교를 만들어낸 사람들에게 공통된 인식의 출발점이었으며, 그것은 매우 유니크한 세계관Weltanschauung을 나타내는 독립된 명제이기도 합니다.

일체개고와 쇼펜하우어

"일체개고一切皆苦"라는 것은 "일체一切"가 다 "고苦"라는 뜻입니다. "고" 즉 "두흐카duḥkha"라는 것은 아비달마 문헌에서는 "핍뇌逼惱"라고 번역했는데 "핍박하여 고뇌하게 만든다"는 뜻이겠지요. 하여튼 "괴롭다"는 뜻이지요. "일체"는 존재하는 모든 것을 가리킵니다. 존재하는 모든 것이 고苦라는 것은 "존재함" 그 자체가 고라는 뜻이겠지요. 다시 말해서 "존재한다"는 것은 "고통스럽다"라는 말이 되는 것이지요. 생각해보세요! 일체라고 한다면 우주 전체를 가리킬 수 있습니다. 빅뱅이론에 의하면 우주는 팽창하고 있다는데 아마도 삼법인에 미친 사람은 이렇게 생각하겠지요: "아~ 우주가 팽창하느라고 고통스러워하고 있구나!"

뿐만 아니지요. 우리 주변에 서있는 나무를 볼 때에도, 아~ 저 나무가 저기 저렇게 서있다는 것이 얼마나 고통스러운 일인가? 나무가 나무로서 존재한다는 것, 탄소동화작용을 저토록 열심히 하고 있다는 것, 저것이 바로 고다! 이렇게 생각하면 세상에 고 아닌 것이 없겠지요. 내가 살아간다는 것도 고이고, 삼각산에 인수봉 바위가 저렇게 서있는 것도 고입니다. 이 고의 우주론적 의미를 서양사상가들 중에서 제일 먼저 제대로 의식한 인물이 바로 쇼펜하우어Arthur Schopenhauer, 1788~1860(헤겔과 동시대의 독일철학자. 우주의 본체를 의지로 파악)입니다. 불교의 고에 본체론적 의미를 부여한 것이죠.

그러나 "고통스럽다"는 의미는 역시 인간의 삶과 연결될 때 그 핍진한 의미가 드러나는 것이죠. 그러나 우주의 제반현상 모든 것이 인간의 식識작용과 무관한 것이 아니기 때문에, 고苦는 매우 우주론적 함의를 지니게 되는 것이죠.

일체개고의 문명사적 맥락

일체가 고다! 왜 이런 발상이 생겨났을까요? 아마도 각박한 풍토와 기후, 척박한 농업조건을 가지고 있는데다가 고밀도의 인구가 밀집되어 있는 아대륙 인도, 너무도 다양한 고문명의 성과와 복잡다단한 정치사의 분규가 연이어진 인도의 민중들에게는 일체가 고라는 것, 산다는 것이 고통스럽다는 인식이 어쩌면 너무도 당연한 것일지도 모르겠습니다. 인도와 같이 기아로 인해 매년 대규모의 사망자가 발생하는(물론 지금은 사태가 매우 달라졌지만) 그런 문명 속에서는 인간존재의 덧없음(=무상無常)을 보편적 명제로서 인식한다는 것이 그리 특이한 일은 아닐 것 같습니다.

정원에 늘어진 버들이나 청송의 고매한 자태 속에서 우주의 창조적 기운을 감지하는 조선의 심미적 감각의 양반들에게는 "생생지위역生生之謂易"(창조하고 또 창조하는 것, 그것이 곧 우주의 변화이다)을 읊을

지언정, "일체개고"라는 말은 결코 어필될 수가 없었겠지요. 삼천리 금수강산이 너무도 아름답고, 너무도 산수가 수려해 물맛이 좋았습니다. 그러니까 인도와는 좀 상황이 다를 수 있겠지요. 물론 불합리한 정치·사회제도 하에서 핍박받는 민중의 애환 속에서는 불교적 명제가 공감을 얻을 수도 있었겠지요.

중동 사막문명의 테마: 죄

중동으로 가면 상황이 아주 달라져요. 고조선-고구려문명의 테마가 "생生"(Creative Advance)이고, 인도문명의 테마가 "고苦"라고 한다면 중동문명에서 가장 두드러지는 테마는 역시 "죄罪"(Sin)입니다. 사막에서의 삶은 공동체의 영역이 매우 좁으며, 대자연의 순환이라는 생생지도生生之道에서 단절되어 있습니다. 따라서 대지를 생명의 근원으로 인식할 수 없으며, 땅에 대한 애착과 신념이 없습니다. 따라서 하늘은 수직적 관계 속에서 초월적 "존재"로서만 인식되고, 우주의 순환이라는 시공범주를 벗어나 버리죠. 그런데 사막의 사람들이 이 "하나님"이라는 존재자에 대하여 갖는 의식은 "죄"라고 하는 한계상황을 통해 매개됩니다.

여러분들께서 구약의 레위기 18장을 펼쳐보시면 다양한 인세스트 incest(근친상간)를 금지하는 법규적인 조항들이 수십 가지 나열되어 있습니다. 자기 엄마, 아버지와 섹스를 하는 것을 비롯해, 아버지의 첩, 동복누이, 이복누이, 친손녀, 외손녀와의 관계 등등 우리 감각으로는 입에 담지도 못할 얘기들이 주변의 다반사처럼 나열되고 있습니다. 불가피한 상황이긴 했지만 아브라함의 조카인 롯Lot의 두 딸이 씨를 받기 위해 아버지와 섹스하는 장면이라든가(창세기 19장을 보세요), 다윗왕이 자기에게 그토록 충직한 부하 우리아를 속이고 그 아내 밧세바와 사특한 짓을 하여 솔로몬을 낳은 얘기(사무엘하 11장) 등등, 하여튼 간통으로 인한 무수한 얘기들이 성서에 실려 있습니다.

꼭 이스라엘민족에게만 국한되는 얘기는 아니겠지만 사막이라는 고립된 환경 속에서 한 텐트 안에서 같이 생활하는 사람들끼리 별 별 일이 다 일어날 수도 있죠. 이러한 사회에서는 족장Patriarch의 권위가 중요하고, 그 권위에 복속하여 사는 사람들 내면에는 "죄의식" 이라는 것이 깔려있는 것 같습니다. 기독교는 이런 유대교의 죄의식을 물려받았습니다.

제2의 아담

그래서 예수를 "제2의 아담the Last(Second) Adam"(고린도전서 15:45~49)이라고 부르기도 하고, 바울은 "하나님의 의로우신 법정" 에 대한 논의를 계속합니다. 다시 말해서 인간을 "죄인"이라고 규정 하게 되면 반드시 죄인인 인간은 그 죄로부터 벗어나게 되는 "구원 Salvation"을 갈망하게 되는데, 그 구원은 자신의 마음의 능력으로 달 성하는 것이 아니라, 반드시 법정을 필요로 하게 되고, 그 법정의 의 로운 재판관을 필요로 하게 됩니다. 그 재판관이 바로 "하나님"입니 다. 그리고 하나님이 의로운 판결을 내릴 수 있는 근거가 예수에 대 한 신앙이 됩니다. "율법에 의한 구원"이 아니라 "신앙에 의한 구 원"이라는 바울의 독특한 "인의認義"(Justification by Faith)사상이 초기 기독교운동을 지배하게 되는 것이죠.

문명의 테마	
우리문명	생 生
유대문명	죄 罪
인도문명	고 苦

자연의 생생지도生生之道에 대한 깊은 신념, 자연이 제공하는 "스스로 그러한" 윤리적 질서에 대한 깊은 신념을 지닌 우리 한국사람들에게 "죄인"이라는 규정은 날벼락 같은 억울한 얘기일 수도 있습니다. 왜 인간은 태어나면서부터 하필 죄인으로 태어나는가? 왜 "타자에 의한 구원"이라는 짐을 걸머져야 하는가? 그러나 "고苦"라고 하는 현실은 때때로 설득력이 있습니다. 고통스러운 나의 존재의 현실은 내가 개선해야 할 문제이지 재판정에서 해결할 문제는 아닌 것입니다.

제법무아

자아! 이제 제3의 명제를 분석해봅시다!

제법무아 諸法無我 sarvadharma anātmānaḥ

여기 "제법"이라는 말 속에, "모든"의 뜻을 가지는 "제"이외로 "법法"이라는 말이 주어로 등장하고 있습니다만, 이 "다르마dharma"라는 말처럼 불교세계에서 넓게 쓰이는 말도 없습니다. 다르마는 법칙, 정의, 규범의 뜻도 있고, 불타의 가르침을 총칭해서 쓸 때도 있고, 덕, 속성, 원인의 뜻을 가리킬 때도 있습니다. 번역가들이 중국고전 중에서 법가에서 쓰이는 "법"이라는 개념을 선택했지만 기실 다르마는 법法보다는 도道라고 했어야 옳을 것 같아요. 그런데 4법인 제3명제에서 쓰인 "법"은 매우 단순한 의미로 쓰인 것입니다. 그냥 사물, 물건, 존재하는 것이라는 매우 구체적인 의미로 사용된 것입니다.

존재하는 모든 물건(사물, 사태, 사건)은 무아無我다! 즉 아我가 없다! 그런데 여기서 우리는 "아"라는 의미로 쓰인 "아트만ātman"이라는 말을 보다 정확히 이해해야 합니다. 한자가 "나 아我"기 때문에 그냥 "나I, Ich"를 의미한다고 생각하면 안되지요.

아트만

산스크리트어와 동어근同語根의 말로서 독일어에 남아있는 재미있는 동사가 하나 있습니다. "아트먼atmen"이라는 동사인데, 그 뜻은 숨쉬다, 호흡한다는 뜻이지요. 영어로 "to breathe"라는 뜻이지요. 산스크리트어의 "아트만"도 "숨" "호흡의 기식氣息"을 의미합니다. 우리말의 "기氣"도 기실 "숨"을 의미하는 말입니다. 아트만은 숨에서 "생기生氣," "본체本體," "영혼," "자아"를 의미하게 되었습니다. 다시 말해서 숨 쉬는 자아, 주체를 의미하게 된 것이죠. 그런데 불교적 맥락에서 이 아트만은 "자기동일체로서의 집착" 같은 것을 의미하게 되었습니다. 즉 숨 쉬는 자아는 그 자아가 영원불변한 자기동일체라고 착각을 하게 된다는 것이죠. 과연 오늘 숨 쉬고 있는 내가 내일 숨 쉬고 있는 나와 동일할까? 이 나의 자기동일성은 우리가 서양철학에서 말하는 불변의 본질, 본체noumena, 실체substance 같은 것을 의미하게 되는 것이죠.

오늘의 나, 내일의 나! 아까의 나, 지금의 나가 과연 같은 것인가? 이 글을 쓰고 있는 나는 오늘 아침(2019년 6월 26일 수요일) 너무도 슬픈 일을 당했습니다. 이 일을 당하기 전의 나(아트만)와 당한 후의 나는 정말 동일하기가 어려울 것 같습니다. 이승만 대통령의 양자 이인수李仁秀라는 분이 나를 "사자명예훼손"으로 고소했다는 기사를 오늘 새벽에 신문에서 접했습니다. 이승만학당 대표이사인 이영훈 전 서울대 경제학부 교수와 이승만건국대통령기념사업회를 고소대리인으로 내세워 고소했다는 것입니다. 그리고 나는 오늘 아침 그 소장을 중앙지검으로부터 건네받은 혜화경찰서로부터 출두하라는 연락을 받았습니다. 오늘 당장이래도 가서 조서작성에 기꺼이 임하겠다고 하니까, 그쪽에서 고발내용을 엄청 많이 보강하여 자료를 보낸다고 하니, 그 후에나 만나면 좋겠다고 해서 7월 22일 혜화경찰서에 출두하기로 했습니다. 온 국민이 같이 본 "도올아인 오방간다"에서 논의된 내용을 가지고 이렇게 매일 집필에 몰두하고 있는 이 시대의 사상가에게 그러한 정신적 압박을 가한다는 것이 과연 이 시대의 지성들이 해야할 일일까요? 이미 역사화된(역사 속에서 죽은) 인물에 대한 사상가의 평론은 역사평론일 뿐 사자에 대한 개인적 명예훼손일 수가 없습니다. 나의 평론에 대하여 반대의견을 가지고 있다면 그 의견을 펼칠 수 있는 정당한 사회적 루트가 얼마든지 보장되어 있는 사회가 대한민국입니다. 그러한 페어게임을 포기하고 나를 개체적으로 괴롭힌다는 것이 과연 우리사회에 어떤 영향을 줄 수 있을까요? 이런 행위를 통하여 과연 이승만이라는 개인의 영예가 회복될까요? 이승만 대통령이 하야성명을 발표한 직후에 시인 김수영이 써내려간 싯귀 한 구절만이라도 읽어보시면, 이승만 치하의 민중의 애환이 얼마나 심했나 하는 것을 아실 수 있을 텐데요. 나는 더이상 말하고 싶지 않습니다. 그냥 슬픕니다. 그 슬픔을 가슴에 품은 채 이 글을 계속 써 나가겠습니다.

아트만이 없다＝실체가 없다

제법무아諸法無我의 아我는 서양철학언어를 빌리면 "실체Substance"에 해당됩니다. 아주 간단히 얘기하면 모든 사물은 실체가 없다. 즉 자기동일적 분별태가 없다. 모든 사물은 본질이 없다. 실체Substance라는 것은 "아래에sub-" "놓인 것stance"이라는 의미이니까, 현상의 배후에 있는 본질, 본체, 영원한 이데아를 의미합니다. 모든 존재하는 사물에는 그러한 아트만이 없다는 것이죠.

열반적정

다음의 제4명제를 분석해보죠.

열반적정 涅槃寂靜 śāntaṃ nirvāṇam

열반적정이라는 명제는 제법무아(제법에는 기실 아我가 없는 것이다)라는 명제와 또다시 동전의 양면을 이루는 한 측면과도 같은 것이죠. 제행무상과 일체개고가 한 쌍이라면, 제법무아와 열반적정은 또다시 한 쌍이 되지요. 제법이 무아라는 것을 깨닫게 되면 열반에 들게 되어 고요하고 편안한 삶을 살게 된다, 이 말이지요.

"열반"이라는 말은 "니르바나nirvāṇa"라는 말의 음역입니다. 아~

참, 제가 가사를 쓰고 제 친구 박범훈이 곡을 만들고 박애리가 노래 부른 "니르바나"라는 작품이 유튜브에 올라가 있는데 그것을 보셨나요?(2018년 6월 1일 예술의전당 콘서트홀에서 초연. BTN 제작, 29분 7초. "박범훈 니르바나"로 치면 나온다). 이 노래처럼 니르바나의 의미를 심오하고 신나게 전달하고 있는 작품이 없어요. 박범훈의 작곡, 박애리의 노래가 다 최상을 달리고 있습니다. 꼭 보세요! 가사가 같이 나오기 때문에 정말 재미있어요. 베토벤의 나인 심포니를 능가하는 우리음악의 힘이 느껴지는 작품입니다.

"니르바나"는 "니로다nirodha"라는 것과 같은 어근의 말인데, "끈다滅"는 의미죠. 뭘 끄나요? 불을 끄는 것이죠. 불이란 무엇일까요? 번뇌를 일으키는 욕망의 불길이지요. 우리는 "화난다"라는 표현을 쓰는데 분노 등의 심리현상을 불과 동일시하는 것은 세계인간언어의 공통인 것 같죠? "불같이 화가 난다." 오늘 아침 고소소식을 접한 도올도 역시 화가 났겠죠. 불이 훨훨 타오르겠죠. 그대로 두면 신장이 타고 두뇌가 타겠지요. 눈이 타고, 귀가 타고, 코가 타고, 혀가 타고, 몸이 타고, 의지가 타지요(초기경전 『마하박가』의 표현).

주변에서 뭐라 그러겠어요? 참아라! 참아라! 가라앉혀라! 꺼라! 꺼라! 조용해져라! 고요해져라!

불교는 죽음의 종교 아닌 삶의 종교

불교를 이론적으로 말하는 사람들은 흔히 "열반"을 죽음과 연결시키죠. 그래서 불교계에서는 사람 죽는 것을 "열반에 든다"(入寂, 入

滅)고 해요. 그런데 사실 이런 해석은 엉터리 해석이에요. 죽으면 누구나 적정寂靜(적막하고 고요하다)해집니다. 열반을 강조하기 때문에 불교를 "죽음의 종교Religion of Death"로 생각하는 사람이 많아요. 그러나 불교는 죽음의 종교가 아니라, 삶의 종교Religion of Life입니다. 열반은 죽음의 상태가 아니라 삶의 상태, 즉 번뇌의 불길이 다 사라진 고요한 상태를 의미하는 것이죠. 제법이 무아인 것처럼 깊게 투철하게 확철하게 깨달은 사람은 열반의 상태에 들어가서 고요한 삶을 살게 된다는 뜻이지요.

불교의 알파 오메가

자아! 4법인을 한번 정리해봅시다.

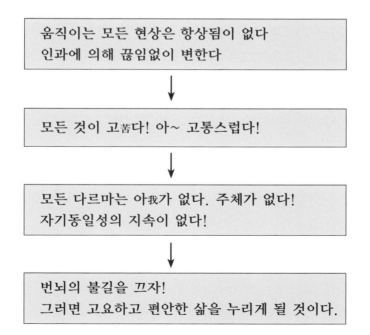

이게 불교의 알파 – 오메가입니다. 불교의 전부입니다. 불교에 관한 모든 명제는 이 4가지 구라를 벗어나지 않습니다. 아니! 불교가 이렇게 쉽단 말이오?

심리학과 무신론

여기 이 4명제에 관해 정리해야 할 몇 가지 중요한 사실들이 있어요. 내가 하바드대학에서 강의할 때였습니다. 미국학생이 나에게 묻더군요?

"그럼 불교는 일종의 심리학입니까?"

나는 서슴치 않고 대답했어요.

"아~ 그렇죠. 그렇구말구요. 불교는 심리학입니다. 서양의 심리학이 불교를 제대로 못 배우는 것만이 제 한이죠."

제가 신학대학에서 강의할 때였어요. 목사후보생인 대학원 학생이 묻더군요.

"그럼 불교는 무신론입니까? 4법인에 신에 관한 얘기가 하나도 없군요."

나는 학생의 질문에 감동했습니다. 제 강의의 핵심포인트를 너무도 정확하게 짚어냈기 때문이었습니다. 나는 그가 어떤 맥락에서 그런 질문을 했는지는 모릅니다만 추측컨대 "무신론atheism"이라는 말을 매우 부정적으로 쓴 것 같았습니다.

"아~ 내 강의를 정말 잘 들으셨군요. 그렇죠. 그렇습니다. 불교는 무신론입니다. 그러나 무신론자가 되어보지 않은 사람은 종교를 논할 수 없고, 근대정신을 논할 수 없어요. 종교가 반드시 하나님이라는 테마를 전제로 할 필요가 없어요. 하나님 없어도 인간은 종교생활을 향유할 수 있어요. 인간의 종교적 과제는 산적해 있어요."

무아의 종교

불교도가 하나님을 믿는다고 합시다. 4법인에 의하면 그 하나님은 반드시 "무아"이어야 합니다. 자기동일성 즉 자성自性이 없는 하나님이어야만 하죠. 이렇게 되면 이론이 매우 복잡해집니다. 사실 무신론이란 황제신론을 진실한 신론으로 바꾸어 놓은 것에 불과하죠. 4법인만큼 우주의 진리를 요약한 법인이 없어요. 간결하게 말씀드리죠. 4법인의 요체는 "무아無我"이 한마디입니다. 불교는 궁극적으로 "무아의 종교"입니다. 나도 무아고, 부처도 무아고, 중도 무아고, 절도 무아고, 다르마도 무아입니다.

삼학과 사성제

자아! 이제 "삼법인"과 함께 "삼학三學"이라는 것을 한번 살펴보기로 하겠습니다. 삼학이라는 것은 근본불교시대(역사적 싯달타가 활약하던 가장 근원적인 시기)에 싯달타를 따르는 자들이 선생님이 제시하는 이상적 가치를 구현하기 위하여 정진하는 데 필연적으로 지켜야만 했던 세 측면의 수행덕목을 말하는 것으로, 보통 계戒(sīla), 정

定(samādhi), 혜慧(paññā)라고 하는 것이죠. 그런데 이 삼학을 이해하기 위해서는 싯달타가 깨달음을 얻은 후, 그 깨달음을 쉽게 일반대중에게 전하기 위해서 설파했다고 하는 사성제四聖諦(Four Noble Truth)라고 하는 것을 알아야 합니다. 사성제는 4가지 성스러운 진리(catur-ārya-satya)라는 뜻이죠. 싯달타가 대각 후 녹야원에서 4명의 비구를 향해 행한 최초의 설법인 초전법륜初轉法輪의 내용이었다고 하는데 불교의 근본교설을 이루는 것이죠.

유전연기와 환멸연기

고제苦諦는 이미 "일체개고"를 통해 충분히 설파했습니다. 집제集諦는 그러한 생·로·병·사의 고통이 결국 욕망의 집적에서 온다고 하는 것이죠. 그러니까 고제가 결과라고 한다면 집제는 그 원인이 되는 것이죠. 멸제滅諦는 열반을 의미하는 것이고, 모든 집착이 멸한 상태를 가리키는 것이죠. 그런데 이 멸滅의 상태에 도달하는 방법이 있다! 그 방법적 길을 제시한 것이 도제道諦입니다. 그러니까 멸제와 도제의 관계에서, 도제가 원인이 되고 멸제가 결과가 됩니다.

유전연기流轉緣起 (생성적 인과)	고제苦諦	과果
	집제集諦	인因
환멸연기還滅緣起 (소멸적 인과)	멸제滅諦	과果
	도제道諦	인因

팔정도와 삼학

그런데 4번째의 도제는 초기불교시대에 있어서는 엄청 중요한 의미를 지니는 수행자들의 생활규칙 같은 것이었는데, 그것을 팔정도八正道라고 부릅니다. 여덟 가지의 바른 길이라는 뜻일 텐데, 이 팔정도야말로 원시불교의 실천강령이라고 할 수 있는 것이었죠(우리나라에서는 "원시"가 "원시인"처럼 "primitive"하다는 뉘앙스가 있어 싫어한다. 그리고 초기불교라고 한다. 나는 불타가 살아있을 시대의 불교를 "근본불교"라 부르고, 적멸후 한 150년간, 부파불교가 시작되기 이전의 시대를 원초적이라는 의미에서 "원시불교"라고 부른다. 그러나 이 양자를 합쳐서 "초기불교"라 불러도 무방하다).

팔정도八正道는 정견正見(바른 소견), 정사유正思惟(바른 생각), 정어正語(바른 말), 정업正業(바른 업), 정명正命(바른 생활), 정정진正精進(바른 노력), 정념正念(바른 기억), 정정正定(바른 집중)을 가리킵니다. 얼핏 듣기에 이것은 매우 윤리적인 규범의 나열같이 들리기 때문에 무슨 불교적 특성이 있을까 하는 생각이 들 수가 있습니다. 그러나 사실 초기불교의 모습은 극히 윤리적인 수련을 하는 단체생활이었습니다. 싯달타도 죽으면서 제자들에게 "빨리 해탈하라"는 얘기는 하지 않았어요. 그냥 "정진하시오"라고 부탁했지요. 이 팔정도는 아라한阿羅漢(arhan: 응공應供이라고 의역되는데, 응당 공양을 받을 정도로 훌륭한 성자라는 뜻)이 되기 위해서는 반드시 지켜야하는 도덕적 수양이었습니다. 그러니까 어떤 의미에서 원시불교는 공자학단의 모습이나 크게 다를 바가 없었습니다.

이 팔정도 중에서 정어, 정업, 정명의 3도는 계학에 속하는 것입니다.

정념正念, 정정正定의 2도는 바로 정학에 속하는 것입니다. 그리고 정견, 정사유의 2도는 혜학에 속하는 것입니다. 그리고 정정진은 계·정·혜 삼자에 공통된 미덕입니다.

계戒 sīla	정어正語, 정업正業, 정명正命	정정진 正精進
정定 samādhi	정념正念, 정정正定	
혜慧 paññā	정견正見, 정사유正思惟	

한국불교계에서 매우 의미 있는 작업을 많이 하신 진짜 대학자 병고丙古 고익진高翊晉 선생은 모든 후대의 불교종파이론은 알고 보면 다 아함에 들어있는 것이라고 말씀하십니다. 불교를 알려면 선사의 어록을 읽을 것이 아니라 아함경을 읽어라! 선불교를 알려고 하지 말고 불교를 알려고 하라는 나의 주장과 같은 말씀이시죠.

아함경이란 초기불교의 경전을 말하는데 산스크리트어 계열의 초기경전은 상당 부분이 현존하는 한역대장경 내에 남아 있고, 그 온전한 모습은 팔리어로 기술되어 남전대장경에 보존되어 있습니다. 아함이란 원래 아가마āgama의 음역인데 전승되어진 교설, 전해 내려오는 말씀이란 뜻이죠. 불교이론의 최고층대最古層臺를 가리키는 말이죠 (고익진高翊晉, 1934~1988은 본시 전남 광주 사람으로 전남대학교 의과대학에서 의학을 공부하였으나 심장계통의 병을 얻어 학업을 중단, 산사에 물러나 있던 중

『반야심경』을 접하면서 불교와 인연을 맺었다고 합니다. 그리고 동대 불교학과에 진학하여 동 학과의 교수로 취임하여 수없이 많은 제자를 길러내었습니다. 항상 병상에 있으면서도 학문의 근본이 되는 기초작업에만 몰두하였으며 허황된 이론을 좇지 않았습니다. 그가 편찬한 『한국불교전서』는 『고려대장경』 이래의 최대 불사라고 칭할 정도의 큰 업적입니다. 한국불교를 공부하려는 사람은 누구든지 이 『전서』의 은혜를 입습니다. 동국대학에서 불교학을 공부한 사람 치고 그를 존경치 아니 하는 후학이 없었습니다. 스님으로서는 『가산불교대사림伽山佛敎大辭林』을 편찬하신 가산 지관智冠 대선사, 1932~2012를 나는 존경합니다. 고익진 교수와 지관 큰스님 이 두 분이야말로 20~21세기 한국불교의 자존심이라 부를 수 있습니다. 나는 지관 스님은 항상 옆에서 가까이 모실 수 있었으나 병고 선생은 만날 기회가 없었습니다. 서로 만나기를 갈망했음에도 불구하고 나의 게으름이 발걸음을 늦추었지요. 결국 그의 영전에나 찾아뵈었습니다. 사모님께서, "그토록 만나고 싶어하셨는데 …… 생전에 만나셨으면 좋았겠어요 ……"라고 애처로워 하시던 모습이 떠오릅니다).

불교사의 특징: 전대의 이론을 포섭하여 발전

불교사의 특징은 올 오아 낫씽all or nothing이 아니라는 것입니다. 아무리 혁신적인 새로운 이론도 이전의 이론을 포섭하여 발전시킨 것이죠. 4법인, 알고보면 쉬운 것 같지만, 무아를 실천하고 열반을 구현한다는 것은 예수 믿는 것이나, 하나님이 되는 것이나, 대통령이 되는 것보다도 훨씬 더 어려운 것입니다. 사성제의 진리이론도 매우 간단한 듯이 보입니다. 인생은 고통스럽고, 그 고통에는 집적된 원인이 있고, 그 집착을 없애면 열반적정에 든다. 그런데 그 멸집滅執에 8가지 방법이 있다. 그 8가지 방법을 요약하면, 계·정·혜 삼학이다!

지눌의 정혜쌍수

보조普照 지눌知訥, 1158~1210도 무신정권이 발흥하여 대고려제국의
정치체제와 결탁된, 축적된 교학불교가 쇠퇴하고, 선불교의 혁신적이
고 파격적인 격외성格外性(교외별전敎外別傳)이 고려불교 그 자체를 뒤
흔들고 있던 시대에, 선禪과 교敎는 본질적으로 대립되어야 할 양대
세력이나 이론체계가 아니라 근원적으로 융합되어야만 하는 하나의
통불교라는 깨달음을 가지고 독자적인 운동을 전개해나갔던 탁월한
사상가였습니다. 그에게는 도통을 전수받을 만한 스승도 없었습니다.
당시는 선이라는 것이 깊게 이해된 상태도 아니었으니까요. 그래서
독자적인 문학聞學의 수련을 통해 새로운 결사운동을 전개했습니다.
그 결사운동의 핵이 "정혜결사定慧結社"라고 하는 것인데 바로 계·
정·혜 삼학의 본래정신으로 되돌아가야 한다는 것을 외쳤습니다. 그
가 말하는 "정혜쌍수定慧雙修"라고 하는 것은 "계정혜전수戒定慧全修"
(계·정·혜 삼학을 다 온전하게 닦음)를 의미하는 것입니다.

계戒는 너무도 기초적인 것이기 때문에 생략을 하였지만 정과 혜
의 밑바닥에 깔려있는 것입니다. 정은 바로 선정禪定을 의미하며, 혜
는 바로 지혜 즉 교학불교를 가리키는 것이죠. 정과 혜를 동시에 온
전하게 닦아야 한다는 것은 불교경전이 던져주는 깊은 지혜의 공부
가 없이는 선정이라는 정신통일이 달성된다 한들 아무런 의미가 없
다는 것이죠. 지눌은 교학불교의 대가였습니다. 천태, 법상, 화엄 등
의 경전이론에 통달한 사람이었습니다. 그러면서도 임제 간화선의
핵심을 파악하고 있었습니다. 그러니까 정혜쌍수定慧雙修는 곧 "선교
일치禪敎一致"를 의미하게 되는 것이죠.

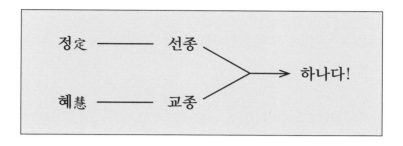

스님의 계

생각해보세요! 여기 스님이 한 분 있다고 합시다. 왜 이 사람을 스님이라고 우리가 존경을 할까요? 우선 스님이 됐다고 하는 것은 "수계受戒"를 의미합니다. 즉 계를 받아야 스님이 되는 것입니다. 스님이 된다는 것은 계율을 지키는 것입니다. 인간은 섹스를 좋아하고 올가즘에 도달했을 때의 쾌감을 양보할 수 없는 인생의 도락으로 엔죠이합니다. 그런데 이토록 참기 어려운 쾌락의 향유를 근원적으로 포기한다, 왜 그럴까요? 득도를 위해, 깨달음을 얻기 위해? 하여튼 보통 사람이 실천하기 어려운 매우 근원적인 금욕을 실천하는 사람, 그 고통을 감내하기 때문에 우리는 스님이나 신부를, 비구니나 수녀를 존경하게 되는 것이죠. 스님이 색이나 밝히고 돌아다닌다고 한다면 우리가 왜 그들을 존경해야 할까요? 계율은 스님을 스님다웁게 만드는 기본적 덕목입니다.

경허가 과연 막행막식의 인간일까요? 나는 그렇게 생각하지 않습니다. 그에게는 반계율적 행위라고 하기보다는 초계율적 행동 같은 것이 있습니다. 그러나 그 행위에서 나는 인간에 대한 무한한 연민,

매우 심오한 슬픔 같은 것을 느낍니다. 경허는 슬퍼요! 그러나 경허
만큼 자기 디시플린이 확실한 사람도 없어요.

내가 명진 스님을 친구로 대하는 것도 그에게는 계율이 있기 때문
입니다. 남들이 지키기 어려운 계율을 초연히 지키기 때문이죠. 일상
적 삶에서 자기 디시플린이 확실한 사람이죠. 정의로운 언행 때문에
승적까지 박탈당했으면서도 꿋꿋하게 깨끗하게 살고 있습니다.

화두를 통해 득도할 수 없다

내가 말하려는 것은 스님이 스님이 되려고 하면 반드시 계·정·혜
의 삼학을 지켜야 한다는 것입니다. 이것은 초기불교에서부터 확고
히 규정된 것입니다. 선불교라는 것이 따로 독립할 수가 없는 것입니
다. 계·정·혜의 정(定)이 곧 선입니다. 이 선정을 철저히 행하는 사
람들이 남겨놓은 삶의 일화들이 "화두話頭"일 뿐이죠. 화두를 통해서
득도를 한다? 나는 간화선? 그따위 것은 개밥통에나 집어넣어라! 그
렇게 말합니다.

자기 삶의 화두만 유효하다

"화"는 그냥 이야기입니다. "두"는 "머리"라는 뜻이 아니죠. 백
화적 용법으로 별 의미가 없는 접미사예요. 나무만 해도 "木mu"라
하면 될 것을 "木頭mutou"라 하고, "石shi"라 하면 될 것을 "石頭
shitou"라 하거든요. 그러니까 "화두huatou"는 그냥 "화hua," 즉 이야
기일 뿐예요. 거기에 특별한 의미가 있는 게 아니죠. 그냥 "구라"죠.
조금 더 리얼하게 말하면 "개구라"죠. 선을 많이 했다고 하는 선사

들이 삶의 굽이굽이에서 내뱉는 개구라죠. 그 개구라를 받아서 득도를 한다? 웃기는 얘기죠. 득도라는 것은 오직 자기 삶의 느낌에서 나오는 것이고, 그 느낌의 심화는 "혜"의 공부에서 생기는 것이지 "간화看話"에서 생겨나는 것이 아닙니다. 삼학에 이미 선종과 교종이 다 들어있는 것이죠. 뿐만 아니라 대장경이 다 들어있는 것이죠.

삼학과 삼장

계·정·혜는 싯달타의 삶의 과정을 요약한 것일 수도 있지요. 싯달타가 출가하여 보리수 밑에 앉기까지 그의 삶을 지배한 것은 계戒였습니다. 그리고 보리수(핍팔라나무) 밑에서 선정에 들어갔지요. 그것이 바로 정定입니다. 그리고 정을 통하여 아뇩다라삼먁삼보리를 증득합니다. 그러니까 싯달타의 계를 담은 것이 율장이고, 싯달타의 정定을 담은 것이 경장이고, 싯달타의 혜를 담아놓은 것이 논장이라고 말할 수 있습니다(약간의 디테일한 역사적 설명이 필요하지만 대략적인 의미에서 크게 어긋나지 않는다. 초기경전에는 율장과 경장만이 있었다. 논장은 후대에 성립한 것이다).

삼학三學	계戒	율장律藏	대장경大藏經 tri-piṭaka
	정定	경장經藏	
	혜慧	논장論藏	

싯달타라는 인간의 체질

싯달타는 어려서부터 명상을 즐겨하는 성격의 사람이었습니다. 다시 말해서 집중력이 강했다는 뜻이지요. 그는 성도成道 후에도 7주간이나 그 자리에 앉아 선정을 즐겼다고 합니다. 득도했다고 떠벌리면서 다니지 않았다는 뜻이죠. 그러니까 선정에 매우 적합한 체질의 인간이었다는 뜻이죠.

초기승단의 비구의 정명正命으로서의 하루생활을 보면, 하루를 주야 4시간씩 여섯 단위로 구분했습니다. 비구가 자는 시간은 10시부터 2시까지 4시간뿐입니다. 야夜의 후분後分인 2시부터 6시까지는 좌선을 합니다. 그리고 아침 6시부터 10시까지는 선정에서 벗어나 세면과 청소, 그리고 탁발을 합니다. 오분午分 즉 아침 10시부터 오후 2시까지, 오전에는 식사를 마치고 오후 2시까지는 휴식이나 좌선을 합니다. 석분夕分, 즉 오후 2시부터 6시까지는 좌선을 하거나, 여타 비구 그리고 신자들에게 설법을 합니다. 밤의 초분인 오후 6시부터 10시까지는 또다시 좌선을 합니다.

성묵과 법담

그러니까 초기승단 비구의 생활은 하루 24시간의 대부분이 좌선의 명상이었습니다. 비구가 홀로 토굴에 있을 때는 별도이지만 집단생활을 할 때는 오직 "성묵聖默ariya tuṇhībhāva과 법담法談dhammī kathā"이라는 두 가지 원칙이 있었습니다. 성묵이란 성스러운 침묵이지요. 입을 열면 세간의 말을 하면 안됩니다. 오직 법法(깨달음의 원리, 스승의 가르침)에 관한 얘기만을 해야 하는 것이죠. 나만 해도 철학과에 들어간 이후로는 친구들과 자리에 앉으면 철학에 관한 담론만을 일삼았지, 남의 시시콜콜한 세간살이라든가 인물평에 관한 얘기를 하질 않았습니다. 세간의 잡담을 축생담畜生談tiracchāna-kathā이라고 했는데, 비구의 삶에서 엄격히 금지된 담론이었습니다. 비구들이 앉아서 세간의 여성의 몸매 얘기나 하고, 해제 후에 돈 타서 해외여행이나 가는 얘기를 하고 있다면 그것 참 곤란한 얘기군요. 아마도 좌선이라는 것은 인간 싯달타의 삶의 습관 같은 데서 생겨난 자연스러운 현상일 것 같습니다. 선(명상) 그 자체로 천국의 열쇠가 될 수 있는 것은 아니죠. 삼학은 상즉상입, 하나도 결缺할 수가 없어요. 계 속에 이미 정·혜가 들어있고, 정 속에 이미 계와 혜가, 혜 속에 이미 계와 정이 들어있어요.

반야란 무엇인가? 반야경의 이해

이제 우리는 3학의 가장 중요한 측면 혜慧를 이야기해야 합니다. 혜는 의역이고(선진경전에서 "慧"는 특별한 의미가 없던 글자였다), 그 음역이 바로 "반야般若"라는 것이죠.

반야란 무엇인가 바로 이 주제가 제가 이 책을 쓰게 된 이유입니다. 자아! 이제 단도직입적으로 말씀드리죠. "반야경"이라는 것은 한 권의 책을 의미하지는 않습니다. 반야사상을 표방한 경전들을 총칭하여 일반적으로 "반야경"이라고 하는 것입니다. 사계의 권위자인 히카타 류우쇼오干潟龍祥, 1892~1991(동경제대 철학과 졸업. 구주제대九州帝大 교수. 일본의 인도철학자)는 의미 있는 중요한 반야경으로서 27경을 꼽고, 독일계 영국인으로서 세계적으로 명성이 높은 반야경연구 전문가,

에드워드 콘체Edward Conze, 1904~1979(아버지가 주영독일대사관 부영사였을 때 런던에서 태어나 영국시민권을 획득했다. 원래 방적회사를 경영하던 부잣집 아들이었다. 법률학을 공부하였고 판사까지 되었으나, 철학에 흥미를 느껴 철학박사학위를 얻었다. 그 과정에서 철저한 맑시스트가 되었고 나치에게 주목받는 바 되어 영국으로 망명한다. 영국에서 그는 반야경전을 공부하여 인기 높은 강의를 계속했다. 그러던 중 미국대학의 평생교수직을 얻게 되어 도미하려 했으나 미국 정부 이민국이 그가 공산주의자임을 알고 그의 입국을 허락치 않았다. 콘체는 쓰라린 심정으로 영국 옥스퍼드대학에 남아, 산스크리트어 공부에 전념하여 반야경전의 세계적인 권위가 되었다)는 40개의 반야경을 열거하고 있습니다. 내 생각에는 우리가 모르는 반야경이 많을 것이고, 반야경전의 세계는 카운트방식에 따라 훨씬 더 많을 수도 있습니다. 그 많은 반야경전 중에 제일 먼저 성립한 반야경으로 『8천송반야경八千頌般若經』이라는 텍스트를 꼽는 데 사계의 의견이 모두 일치하고 있습니다.

『8천송반야경』

"8천송"이라는 것은 분량을 말하는 것인데 대부분 옛날 인도경전이 노래로서 암송되었기 때문에 "송頌gāthā"(偈陀, 伽陀)이라 하는 것이고, 이 노래는 여러 형식이 있지만 불전에서 가장 많이 쓰이는 것은 슐로카śloka라는 것입니다. 슐로카는 1구가 8음절로 이루어져 있는데, 그것이 2구 연결된 것이 또다시 2행을 이루어 하나의 그룹(스탄자stanza 같은 것)을 형성하는 것입니다. 그러니까 쉽게 말하자면 8음절 4구 32음절(8×4=32)의 산스크리트 시형詩形을 말하는 것입니다. 이 32음절의 슐로카가 8천 개가 모인 반야를 설하는 노래가 바로 『8천송반야경』이라는 것이죠. 그러니까 『8천송반야경』은 25만 6천 개의 음절로 이루어진 경전입니다. 우리가 보통 『반야심경』이라고 하는 것이 몇 슐로카인 줄 아세요? 14개의 슐로카로 이루어져 있습니다. 8천송에 비하면 엄청 짧지요(우리가 보통 『반야심경』이라고 하는 것은 현장 역의 소품이다. 대품은 25송으로 이루어져 있다). 그런데 사실 『8천송』도 짧은 거예요. 그것은 세월이 지나면서 『1만8천송』, 『2만5천송』, 『10만송』으로 확대되어 나갑니다. 그런데 이 경전들을 대조해보면 반복의 묘미가 너무 심해서 실제로 내용이 전혀 새로운 방향으로 확대된 것이라고 생각하기가 어려워요. 인도사람들의 구라의 특징이 "반복"이거든요. 반복하면서 조금씩 그 "맛"을 확대해나가는 거지요. 실제로 "논리"가 증가하는 것은 아니죠.

『8천송반야경』의 산스크리트어 원전

현재 최초의 반야경전이라고 하는 『8천송반야경』의 산스크리트어 원전이 남아 있습니다. 그러나 이 산스크리트 원전이 최초의 반야경전의 원래 모습이라는 보장은 전혀 없습니다. "산스크리트 원전"이라 하는 것들이 대부분 후대에 성립한 사본들이고 원전 그 자체가 역사적으로 발전하는 과정에서 남겨진 사본들이기 때문입니다. 불경의 세계에서는 "오리지날original"이라는 것은 찾기가 매우 힘듭니다. 그만큼 문헌에 대한 생각이 느슨하다, 여유롭다고 말해야겠지요.

『도행반야경』

그럼 진짜 『8천송반야경』의 모습은 어떤 것이었을까? 현존하는 한역대장경 속에 반야라는 말이 들어간 아주 희한한 경전이 하나 있습니다. 『도행반야경道行般若經』이라는 문헌이지요. 인도사람들은 진리의식만 강하고, 역사의식이 별로 없어요. 그래서 누가 무엇을 했다는 것을 역사적 사건으로서 기술하는 데 별 관심이 없습니다. 인도역사 기술방식에서 정확한 연대를 말하기 힘든 경우가 많은 것도 이 때문이죠. 그런데 『도행반야경』이라는 문헌은 지루가참支婁迦讖이라는 번역자의 이름이 명기되어 있고, 그 번역자가 중국에 와서 이 경을 한역漢譯한 시기를 알 수 있습니다. 이러한 정보는 인도측 역사에서는 얻기 어려운 것이기에 진실로 매우 소중한 것입니다.

우선 지루가참의 "지支"는 "월지국月支國"(혹은 '월씨국月氏國'이라고도 함)을 가리키는 말입니다. 그러니까 월지의 루가참이라는 의미입니다. "루가참婁迦讖"은 산스크리트어 Lokakṣema의 음역입니다. 이 사람은 후한시대 환제桓帝(재위 146~167)의 말기에 중국에 왔으며 『도행반야경』을 AD 179년(광화光和 연간)에 번역해낸 것이 확실합니다.

월지국의 루가참의 기적 같은 번역

한번 생각해보세요! 어학교습소도 없었고 외국어학원도 없는 상황에서 전혀 생소한 문명에 도착하여 한 15년 만에 그토록 난해한 불경을 소리글체계의 문자에서 뜻글체계의 문자로 바꾼다는 것, 그것도 전혀 전례가 없는 상황에서 모든 단어나 개념을 쌩으로 지어내어야만 하는 창조의 작업, 그것이 과연 얼마나 어려운 과정이었을까 하는 것은 상상하기조차 쉽지 않습니다. 그것은 천재적인 쿠차국龜玆國Kingdom of Kucha, 출신의 스님이며 역경의 대가인 꾸마라지바Kumārajīva, 344~413가 활약하기 전 이미 2세기가 훨씬 넘는 시기였다는 것을 생각하면 아무리 생각해도 불가사의한 생각이 듭니다.

그리고 손오공을 부리며 인도를 다녀온 삼장법사 현장이 장안에 돌아온 것도 꾸마라지바가 장안에 온 것보다도 244년 후의 일이었습니다(AD 645년, 당태종 때). 그러니 지루가참이 얼마나 빠른 시기에, 얼마나 위대한 고전의 원류를 번역해내었는가 하는 것은 기적 같은 사실입니다. 그때는 안세고安世高(생몰 미상. 안식국安息國Parthia의 황태자. 왕위를 동생에게 물려주고 출가, 후한 환제桓帝 초년에 낙양에 왔다)가 소승경전을 번역하고 있었을 때였습니다. 그러한 초기정황에서 지루가참이 곧바로 반야경의 조형이라고 할 수 있는『도행반야경』을 번역했다고 하는 것은 문명간의 교류의 정황이 극히 신속했다는 것을 알 수 있습니다. 당시 감각으로 본다면 방탄소년단의 소식이 곧바로 미국・영국・프랑스 젊은이들에게 전해지는 것과도 같은 속도라고 말할 수 있겠죠.

『8천송반야경』의 유일한 조형

『도행반야경』은 현존하는『8천송반야경』의 유일한 조형이라고도 말할 수 있습니다.『도행반야경』을 번역한 지참(지루가참의 약칭)은 월씨국에『8천송반야경』의 산스크리트 원본을 가지고 있었을 것입니다. 그러나 우리에게 그 원본은 존재하지 않습니다.『8천송반야경』의 원형의 모습을 우리는『도행반야경』에 의해 추론할 수 있을 뿐입니다. 현존하는 한역본『도행반야경』을 거꾸로 산스크리트어로 번역하면『8천송반야경』의 원래 모습을 알 수 있겠다는 것이죠. 그러나 과연 지루가참이 산스크리트 원본을 문자 그대로 직역했을 것인가? 사계의 대학자인 카지야마 유우이찌梶山雄一, 1925~2004(경도대학 철학과 출신의 불교학자. 경도대학 문학부 교수로서 경도학파를 이끌었다. 대승불전에 있어서의 공空사상 연구의 제1인자)는 『8천송반야경』의 유일한 고본이 『도행반야경』이라는 것은 틀림이 없으나, 양자 사이에는 엄청난 변화가 있다고 봅니다. 다시 말해서 지참은 『8천송반야경』을 번역하는 과정에서 중국적 분위기에 적응하기 위해 새로운 맥락을 과감하게 첨가했다는 것입니다. 그러니까 『도행반야경』은 번역이라기보다는 새로운 창조라는 것이죠.

『도행반야경』의 첫 3품

『도행반야경』의 내용이 궁금한 사람은 동국역경원에서 나온 김수진 번역의 『도행반야경』을 참고하면 될 것입니다. 이 책은 10권30품으로 이루어져 있는데, 앞의 제3품, 제1의 「도행품道行品」, 제2의 「난문품難問品」, 제3의 「공덕품功德品」이 반야경의 프로토타입적인 성격을 지니고 있다고 평가되고 있습니다. 이 3품을 합하여 보통 서분序分이라 말합니다. 이 서분이야말로 모든 반야경의 기원을 이룩하는 원초형이라고 말하는 사이구사 미쯔요시三枝充悳, 1923~2010(동경대학 철학과 졸업. 뮌헨대학 철학박사. 쯔쿠바대학에서 교편 잡다. 훌륭한 불교학자) 교수의 주장은 설득력이 있다고 저는 생각합니다.

반야경의 성립은 대승불교의 출발

자아~ 얘기하다보니 이야기가 너무 전문적으로 흘러 재미가 없어진 감이 있군요. 제가 여러분들과 함께 대장경 전체를 펼쳐놓고 얘기할 수 있다면 좋겠지만 그럴 수가 없으니 여러분께 제가 말씀드리는 것이 다 전달되기 어려울 것 같아요. 그렇다면 우리는 지금 먼저 왜 반야경 얘기를 하게 되었는지를 다시 한 번 짚어볼 필요가 있을 것 같아요. 간결하게 결론부터 말하자면 반야경의 성립은 "대승불교의 출발"을 의미한다고 하는 역사적 사실을 여러분께 상기시켜드려야 할 것 같습니다. 반야경이 성립하면서 대승불교라는 것이 생겨났다고 말할 수도 있겠고, "대승불교"라는 어떤 새로운 불교운동이 일어나면서 반야경전들이 만들어지기 시작했다고 말할 수도 있겠습니다. 그렇다면 "대승불교"라는 게 도대체 뭔지, 그리고 또 소승이라는 게 도대체 뭔지, 반야경전들과 『반야심경』과의 관계가 무엇인지, 한국의 선불교 얘기를 하다가 왜 갑자기 반야 얘기로 튀었는지, 이런 것들이 충분히 얘기되어야만, 여러분들이 『반야심경』을 알 수 있게 될 것 같아요.

월지국은 어떤 나라인가?

이런 얘기를 하기 전에, 딱 한 가지, 지루가참의 "지"에 관한 얘기를 잠깐 해야겠습니다. 월지(월씨)는 본시 흉노족이 크게 세력을 떨치기 이전에 돈황과 기련산祁連山 사이의 영역, 그러니까 감숙성의 서쪽에 살던 상당히 강인하고 영리한 민족이었습니다. 그들이 살던 영역을 "하서주랑河西走廊"(Hexi Corridor)이라고 부르는데 중국 내지內地의 서역통로로서 가장 중요한 요도要道였습니다. 아마도 우리나라 고조선제국의 일부 종족이 서진하여 정착하였을지도 모르겠습니다. 이 월지는 흉노족의 중흥조인 라오샹츠안위老上單于Lao Shang(BC 174~161 재위)의 공격에 대패하고 그들의 왕이 살해당하자, 월지의 주간세력이 서진하여 소그디아나Sogdiana와 박트리아Bactria 지역을 점령하고, 이 지역의 희랍지배를 종료시킵니다. 박트리아는 중국역사에서 "대하大夏"로 불리는데 알렉산더대왕이 페르시아제국의 다리우스3세를 정복하면서 셀류코스의 치하로 편입되어 풍부한 희랍문명이 축적된 곳이죠. 현재로 말하면 아프가니스탄, 타지키스탄, 우즈베키스탄의 일부를 포함하는 영역입니다. 월씨는 이곳을 점령하면서 이 지역의 고문명을 흡수하고, 또 규수嬀水(아모하阿姆河Amu Darya, 옛 이름은 옥수스강Oxus River) 양안에 대월씨왕국大月氏王國을 세웁니다.

월지국에서 쿠샨제국으로

그런데 이 대월씨왕국은 5개의 봉분 군주로 나뉘는데, 그 중 하나가 인도 북부지역을 차지한, 중국역사에서 "귀상貴霜"이라고 불리는 쿠샨왕조Kushan Dynasty인데, 제1대 대왕인 쿠줄라 카드피세스Kujula Kadphises(AD 30~80 재위, 중국말 구취각도就却) 때에 박트리아를 계승한 대월씨왕국 전체를 지배영역에 집어넣습니다. 중앙아시아와 인도를 통합하는 대제국이 탄생된 것이죠. 제2대 비마탁투Vima Taktu or Sadashkana(AD 80~95 재위, 중국말로는 염고진閻膏珍), 제3대 비마카드피세스Vima Kadphises(AD 95~127 재위, 중국말표기 염진閻珍)를 거쳐 제4대 카니슈카대제Kanishka I(AD 127~140경 재위. 중국말표기 가니색가迦膩色伽) 때 이르러 쿠샨제국은 절정의 길로 치닫습니다. 이 시기에 쿠샨제국Kushan dynasty은 중국, 로마, 파르티아와 함께 유라시아 4대강국으로 꼽혔습니다. 중국의 사가들은 어찌하여 쿠샨제국이 중국을 멸망시키지 않았을까 하는 논의를 할 정도로 쿠샨제국은 강대했습니다. 그리고 특기할 것은 쿠샨제국 내에 간다라와 마투라가 들어 있었고, 이 두 지역(간다라는 뉴델리에서 한참 서북쪽, 마투라는 뉴델리 바로 밑에 있다)에서 최초의 불상제작이 이루어졌다는 사실이죠.

쿠샨왕조의 성격: 포용적 문화, 불상의 탄생, 대승의 기반

쿠샨왕조는 매우 관용적이고 포용적인 문화를 가지고 있었는데, 개화된 상업인들의 마인드가 이 문화에 반영되어 있습니다. 쿠샨왕조는 금화를 많이 제작한 것으로 유명한데, 그 금화를 보면, 희랍, 로마, 이란, 힌두의 신들, 그리고 불상을 자유롭게 주조해 넣었는데, 희랍어문자로 친절한 설명까지 첨가해놓고 있습니다. 어느 한 종교에 아이덴티티를 고집하지 않았던 것이죠. 바로 이러한 종교적 관용과 포용의 자세가 동서문명의 가교역할을 했고, 불교를 동방에 전래시키는 데 가장 결정적인 역할을 했습니다. 지루가참이 중국에 왔을 때 그 "지"는 쿠샨왕조였으며, 매우 개명한 고등문명의 사람으로서 그는 한자문명권에 발을 내밀었던 것입니다. 쿠샨왕조는 이란에서 사산왕조가 흥기하고 북부 인도에서 토착세력이 고개를 쳐들면서 3세기부터 몰락의 일로를 걷다가 5세기에는 완전히 사라지고 맙니다.

우리가 역사를 공부할 때, 지명 하나, 인명 하나, 나라이름 하나를 그냥 적당히 넘어가면 생동하는 역사의 흐름의 핵을 유실하게 됩니다. 자아~ 여기서 이미 제기된 문제는 대승, 불상, 반야 이런 말들이 서로 연관되어 있는 것처럼 얽혀있다는 것이죠. 이러한 관계양상은 『반야심경』을 이해하는 데 극히 중요한 요소들입니다.

우리가 『도행반야경』이라는 텍스트와 그 이전의 자질구레한 대승계열 경전들의 여러 상황으로 추론해보면 반야경이라 말할 수 있는 최초의 엉성한 프로토 경전이 AD 50년 경에 성립했다는 것을 알 수 있습니다. 이 책이 단단해지고 치밀해지고 계속 확대되어 나간 것이죠.

현장의 『대반야경』이라는 거질

　현장이라는 정력적인 역경대가가 AD 663년 10월 20일에 『대반야경』이라는 책을 번역·완성합니다. 그리고 넉 달 후에 그만 이 세상을 하직합니다(664년 2월 5일 야밤중. 향년 63세). 요즈음으로 보면 너무 일찍 죽었습니다. 그런데 실은 요즈음 사람들이 공연히 오래 사는 것일지도 모르죠. 그런데 『대반야경』이라는 책이 언제 번역과 편집을 시작한 것인지 아세요? AD 660년 원단의 일이었습니다. 그러니까 불과 3년 11개월 만에 그 대작을 완성한 것이죠. 그런데 미치고 똥 쌀 일이 하나 있어요. 이 『대반야경』의 분량이 얼마나 방대한 것인지 아세요? 8만대장경판 중에서 단일 종목으로는 가장 분량이 많은 것인데, 깨알 같이 작은 글씨로 편집된 대정대장경의 두꺼운 3책을 다 차지하는 분량입니다. 해인사 장경각의 수많은 서가를 가득 채우고 있지요. 함(函)수로 하늘 천天함에서 벗 내㐅함까지(『천자문』 순서로 함 번호가 매겨져 있다)니까 그것은 자그마치 60함이 되는 엄청난 분량이죠. 권수로도 600권이 됩니다. 이 600권은 16회會로 분류되어 있는데, 회라는 것은 컬렉션의 단위를 말하는 것입니다. 그러니까 『대반야경』(온전한 명칭은 『대반야바라밀다경』)은 단일 종의 책이 아니라, 반야경전이라고 세상에 나온 책들을 모조리 컬렉션하여 16회會로 분류한 반야경대전집이라고 말할 수 있습니다.

확대와 축약

　자아! 간단히 생각해보죠! 우리가 알 수 있는 확실한 반야경전은 대강 AD 2세기 지루가참의 『도행반야경』으로부터 AD 7세기 현장의 대전집 『대반야경』에 이르는 소품계, 대품계, 밀교계의 다양한 경전들이 열거될 수 있습니다. 그러니까 그 핵심경전의 성립을 AD 1세기로 본다면 약 600년간의 끊임없는 확대가 이루어졌다고 말할 수 있습니다. 그만큼 반야사상은 인기가 있었고 대중의 호응이 있었다는 얘기가 되겠습니다. 그런데 문헌은 "확대"만이 좋은 것이 아닙니다. 너무도 번잡하게 교설이 확대되어 나가는 중에 혹자는 이렇게 뇌까릴 수도 있습니다.

> "에이 씨발 뭐가 그렇게 복잡해! 번뇌를 버리고 잘 살면 되는 거 아냐? 한마디로 하자구! 한마디로!"

이러한 확대과정에 역행하여 극도의 축약화작업이 이루어집니다. 그리고 이 축약은 단순한 축약이 아니라 단행본으로서 자체의 유기적 독립성을 갖는 단일경전이 되는 것이죠. 이 반야경 중에서 독립적 단일경전으로서 대표적인 것이 『금강경』과 『반야심경』입니다. 우리나라에서 『금강경』과 『반야심경』을 따로따로 알고 있는 사람들이 많은데 이 두 경전은 동일한 반야경전그룹 내의 두 이벤트일 뿐입니다. 『금강경』도 『금강반야바라밀경』이고 『반야심경』도 『마하반야바라밀다심경』입니다. 둘 다 "반야바라밀"이라는 주제를 설파한 경전들이지요. 재미있는 것은 『금강경』은 현장의 『대반야경』체제 속에 편입되어 있는데 반해(600권 중에 577권이 『금강경』이다), 『반야심경』은 극히 짧은 것임에도 불구하고 『대반야경』에 포섭되지 않았다는 것이죠. 그만큼 『반야심경』은 독자적 성격이 강했다고 말할 수 있지요. 상식적으로 생각하면 현장이 『대반야경』의 방대한 작업을 끝내고 『반야심경』을 번역했을 것 같은데 그렇지 않아요. 현장은 『반야심경』을 먼저 단행본으로서 번역하고 『대반야경』에 착수했던 것입니다.

『반야심경』의 심은 무슨 뜻?

『반야심경』의 "심心"이라는 말을 오해하는 사람이 많습니다. 반야를 성취하는 우리의 마음을 설하는 경처럼 오해하는데, 여기 "심"은 "흐리다야hṛdaya"(음역은 흘리다야紇利陀耶)의 뜻으로 그러한 추상적이고 정신적인 뜻을 가지고 있지 않습니다. 그것은 매우 물리적인(의학적인) 용어로서 신체의 중추를 형성하는 심장Heart을 의미합니다. 육단심肉團心이라고도 번역하지요. 그리고 밀교에서 만다라曼茶羅를 그릴 때 그 전체구도에서 핵심이 되는 것을 심인心印hṛdaya-mantra이라고 합니다. 그러니까 우리말의 "핵심核心"이라는 말이 그 원래 의미를 잘 전달하고 있습니다. 그러니까 『반야심경』이란 600권의 방대한 『대반야경』의 핵심을 요약한 경전이라는 뜻입니다. 그러니까 『대반야경』과 『반야심경』의 부피는 1,000만 대 1 정도의 차이가 나지만, 그 무게는 동일합니다!

반야경과 도마복음서

자아! 이것이 얼마나 대단한 축복입니까? 『대반야경』을 한글로 읽으시려고 해도 동국역경원에서 나온 한글대장경판으로 두꺼운 책 20권입니다. 그것을 다 읽으려면 그야말로 "존나" 노력이 필요합니다. 그런데 한 페이지도 안되는 분량으로 그 어마어마한 600여 년의 성과가 다 료해了解될 수 있다? 이 이상의 축복이 어디 있겠습니까? 재미있는 사실은 반야경의 책이 성립한 시기가 바로 기독교복음서가 집필된 시기와 비슷하다는 것이죠. 복음서 중에서도 마가복음이라는 오클로스ὄχλος복음서(민중복음서), 큐복음서, 도마복음서 등등의 경전이 동일한 시대정신Zeitgeist을 표방하고 있다고 보는 생각이 요즈음 사상계의 새로운 동향입니다.

『금강경』과 『심경』

『금강경』과 『심경』은 어느 쪽이 더 먼저 성립했을까요? 『금강경』은 구라의 질감이 매우 평이하고 비개념적이며 시적이며 반복의 묘미가 매우 리드믹한 느낌을 형성하고 있지요.

"수보리야! 갠지스강에 가득찬 모래알의 수만큼, 이 모래만큼의 갠지스강들이 또 있다고 하자! 네 뜻에 어떠하뇨? 이 모든 갠지스강에 가득찬 모래는 참으로 많다 하지 않겠느냐?"

그런데 반해, 『반야심경』이라는 260개의 문자 속에는 이미 "공空"이라는 철학용어가 나오고, 오온五蘊, 18계十八界, 사성제四聖諦, 십이지연기十二支緣起와 같은 기초이론이 깔려있는가 하면, 용수龍樹 Nāgārjuna, c.150~c.250의 중론中論의 논리도 이미 반영되어 있는 느낌을 받습니다. 그러니까 당연히 『반야심경』이 『금강경』보다는 후대에 성립한 경전이라고 보아야겠지요. 저의 추론으로는 『금강경』은 AD 50년경, 『반야심경』은 AD 300년경으로 그 성립연대를 잡으면 무방할 것 같습니다. 라집의 『반야심경』번역(『대명주경』)의 정체성을 의심하게 되면 『심경』성립연대가 더 후대로 잡힐 수도 있습니다. 이러한 논의는 모든 정황을 신중히 고려한 방편적 가설이지, 절대적인 크로놀로지는 아닙니다.

반야경과 대승불교와 선불교

나는 여러분께 이와 같이 말했습니다: "반야경의 성립은 곧 대승불교의 시작이다." 이 논리를 전제로 해서, 기나긴 불교사를 바라본다면 우리는 또 이런 말을 할 수 있을 것 같습니다: "대승불교의 종착지는 선종이었다." 선불교라는 것은 대승불교의 모든 가능성을 극단적으로 구현한 실천불교의 정점입니다. 불교는 선종을 통해서만 법난을 이겨낼 수 있었고, 우리나라 조선왕조시대에만 해도 선종의 독자적이고 실천적인 성격 때문에 그 통불교적인 포용성을 상실하지 않고 순결한 모습을 지켜낼 수 있었습니다.

우리나라 선불교의 뿌리는 선이 아니라 혜이다

우리는 계·정·혜라는 삼학三學을 얘기했습니다. 그것은 이미 보조국사의 돈오점수頓悟漸修, 성적등지惺寂等持의 논의를 통해 우리나라 불교의 정통으로 자리잡았습니다. 선종을 정定의 측면을 발전시킨 것이라고도 볼 수 있지만 실제로 선정이라는 것은 "정신수양"의 생활이요 방법론이지 그것 자체로 어떤 목적성을 가지고 있는 것은 아닙니다. 정定을 통해서 도달하는 것은 혜慧입니다. 그런데 역사적으로 혜慧라는 것은 우리의 상식언어로 "지혜"(Wisdom)라고 생각하면 확연히 그 의미가 잡히지 않는 막연한 개념입니다. 부파불교시대까지만 해도 "혜"는 그냥 지혜일 뿐이었습니다. 결국 "선정禪定"이라고 하는 것은 그러한 막연한 지혜를 전제로 하면 별 의미가 없습니다. "혜慧"에 대한 확고하고도 새로운, 그리고 혁명적인 해석이나 목표가 설정되지 않는 한 "정"은 별 의미가 없는 것입니다. 제가 말씀드리고자 하는 것은 우리나라의 선불교의 핵심은 "선"에 있는 것이 아니라

"혜"에 있다는 것입니다. 반야에 대한 혁명적 생각이 선종의 이론적 토대를 만들어준 것입니다.

우리나라 민중의 선택: 공안이 아닌 『금강경』과 『심경』

재미있게도 우리나라는 선불교의 나라인데도 불구하고 우리 민중은 선사들의 어록이나 공안집 같은 것을 별로 좋아하지 않습니다. 그것은 깨달았다고 잘난 체하는 인간들의 "개구라"에 불과한 것이죠. 우리민중들은 그런 개구라에 속질 않아요. 선사들의 싯구절이 가슴에 와닿질 않아요. 우리민중들이 사랑하는 책은 오직 2권의 경전이죠. 『금강경』과 『반야심경』! 민중들은 잘 알고 있지요. 이 두 개의 경전만 깨우치면 선사들의 개구라나 이론이 필요 없다. 선에 무슨 이론이 있느냐!

자아! 저는 이미 『금강경』을 해설한 책을 세상에 내어놓았습니다. 요번에 이 책과 함께 완벽한 한글개정판 『금강경강해』를 다시 내어놓았습니다. 이제 『반야심경』을 설함으로써 제가 50년 동안 불교에 진 빚을 갚으려 합니다.

『심경』의 기초개념 파악을 위한 통시적 시각

자아! 이제 『반야심경』의 텍스트를 한 자 한 자 짚어가며 해설해야 할 시간이 되었습니다. 『반야심경』을 펼치면, 제일 첫머리에 "관자재보살觀自在菩薩"이라는 말이 나옵니다. 그런데 이런 단어를 해설하려면 "관자재"가 무엇인지, "보살"이 무엇인지, 이런 것을 이론적으로, 역사적으로 파악해야 합니다. 그런데 이 모든 개념들을 파악하기 위해서는 제일 먼저 "대승불교"라는 것이 무엇이냐 하는 것부터 뼈개 들어가지 않으면 안됩니다. 반야경이 대승불교의 시작이라는 사실을 정확히 알기 위해서는 대승불교가 과연 무엇이냐 하는 문제부터 파고들지 않으면 안된다는 것이지요.

서가의 책을 덮고 쉽게 이야기합시다

여기에 큰 문제가 있습니다. 대승불교가 무엇이냐? 이 한 주제만 전문적으로 설하려고 하면 또다시 거대한 단행본을 써도 모자랄 지경입니다. 그렇게 되면 『심경』에 도달치도 못하고 이 책이 끝나버릴 수가 있습니다. 최소한 2천 5백 년의 불교사 전체가 항상 걸려있는 문제이기 때문에 전문적인 지식의 향연으로 함입하면 헤엄쳐 나올 길이 없습니다. 그래서 저의 작전은 저의 서가에 있는 모든 책을 덮고, 저의 전문적 지식을 닫아버리고 정좌하여 머리에 떠오르는 통찰만을 전달하려 합니다. 소략한 설명이 되어도 『심경』의 이해를 돕기 위한 대승의 성격만을 이야기한다는 전제 하에 양해하여 주시기를 앙망하겠습니다.

"대승"이라는 용어에 대한 엉터리 이해들

우선 우리가 상식적으로 생각하는 "대승"이라는 용어가 매우 부정확하고 근원적으로 타당치 않은 의미맥락에서 쓰이고 있다는 사실을 지적해야 할 것 같습니다. 대승불교라 하면 소승불교와 대비되는 상대개념으로 이해되고 있고, 지역적으로 중국·한국·일본의 불교는 대승, 버마·타이·스리랑카 등 남방의 불교는 소승이다. 이런 식의 도식적 이해는 참으로 엉터리 이해입니다. 대승불교 이전의 부파불교까지를 소승이라고 이해하는 것도 엉터리 이해입니다.

　대승이라는 것은 소승이라는 개념의 짝으로 태어난 말이 아닙니다. 대승은 그 자체로서 절대적인, 어떤 새로운 불교운동을 지칭하는 말로서 태어났습니다. "대승大乘"은 문자 그대로 "큰 수레"(Great Vehicle)를 의미하는데 그것은 원어로 "마하야나Mahayāna"라고 합니다. 이것을 음역한 것이 "마하연摩訶衍"(온전한 번역은 "마하연나摩訶衍那")인데 재미있게도 이 용어가 『도행반야경』에 나옵니다. 그러니까 "마하야나" 즉 "대승"이라는 말은 AD 1세기에는 확립된 개념이라는 뜻이죠. 그런데 "소승" 즉 "히나야나Hīnayana"(Small Vehicle)라는 개념은 그것보다 최소한 200년 이후에나 나타납니다. 즉 "큰 수레"라는 말을 쓴 사람들이 이 "큰 수레"운동에 따라오지 않는 보수적인 사람들을 대비적으로 지칭하여 비하한 말이라는 것을 알 수 있습니다.

버스와 자가용 세단

　"바라밀다"("건너간다"라는 뜻이 있다)를 전제로 해서 말한다면 차안此岸(이쪽 강둑)에서 피안彼岸(저쪽 강둑)으로 가는 배가 큰 것은 대승이고 작은 것은 소승일 텐데, 건너간다는 것만을 목적으로 한다면 큰 수레나 작은 수레나 별 차이가 없을 것입니다. 그러나 버스와 자가용을 생각한다면 버스는 아무나 탈 수 있지만 자가용은 그 주인과 아는 사람만이 탈 수 있습니다. 버스는 개방적인 데 반해 자가용 세단은 폐쇄적이죠. 버스는 대중이 "더불어" 갈 수 있는 수단이고 자가용은 "선택된" 소수만이 갈 수 있는 수단입니다.

수행자들의 성격에 따라 그들이 타는 수레와 관련하여 쓰는 삼승三乘yana-traya이라는 개념이 있습니다. 3종류의 수레라는 뜻이지요.

성문승, 독각승, 보살승: 보살의 의미

그 첫째가 성문승聲聞乘, 그 둘째가 독각승獨覺乘(혹은 연각승緣覺乘), 그 셋째가 보살승菩薩乘이라고 하는 것인데 이 3승은 실제로 기나긴 초기불교의 역사를 말해주고 있습니다. 성문승이라고 하는 것은, 문자 그대로 말하자면 싯달타가 말하는 소리(聲)를 실제로 들은(聞) 사람들이니까 가섭, 수보리, 가전연, 목건련 같은 불제자를 말합니다. 그러니까 이 사람들은 싯달타의 자가용에 자연스럽게 올라탈 수 있는 선택된 소수들이겠지요. 그 다음에 독각승이라는 것은 홀로(獨) 깨닫는(覺) 사람, 즉 선생이 없이 홀로 토굴에서 수행하여 깨닫는 사람들, 12인연因緣을 관觀하여 깨닫는 사람들이라는 뜻에서 연각승이라고도 합니다. 분명 이 독각·연각이야말로 성문 다음 단계에 오는 수행자들이었겠죠.

그 다음이 보살이라는 개념인데 보살이라는 것은 "보리살타菩提薩埵Bodhisattva"의 줄임말입니다. "보리"는 지혜, 깨달음의 뜻이 있죠. "살타" 즉 "사트바sattva"는 복합적인 의미를 지니는 외연이 넓은 말입니다. "본질," "실체," "마음," "결의決意," "태아," "용기," 그리고 "유정有情"(정감 있는 존재라는 뜻)을 의미하죠. 그러니까 보리살타라는 것은 "깨달음을 지향하는 사람," "그 본질이 깨달음인 사람"을 의미합니다. 이 세 가지 부류의 사람 중에서 성문과 독각은 물론 작은 수레의 인간들이겠죠. 그렇다면 셋째 번의 보살이야말로, 보살이 타는 보살승이야말로 큰 수레가 될 것입니다. 그런데 이 보살에 관해서는 매우 다양한 논의가 필요합니다.

싯달타가 과연 왕자일까?

여러분은 정말 고타마 싯달타라는 청년이 정말 샤카족 카필라성의 왕자로서 호화로운 생활을 하다가 4성문에서 충격 받는 일들을 목격하고 출가한 사람이라고 생각하십니까? 물론 이런 말이 맞을 수도 있겠죠. 살아있는 동안 무지막지하게 비상식적인 기적을 많이 행하고 또 죽었다가 사흘 만에 살아났다는 예수의 생애와는 달리 아무런 비상식적인 이야기가 없으니까요. 그러나 싯달타의 실존성에 관해서는 예수만큼이나 구체성이 없습니다. 그에 관한 얘기들은 결국 알고 보면 양식화된 후대의 기술이니까요. 그의 생존연대도 BC 6세기부터 4세기까지 왔다갔다 하니깐 종잡을 수가 없습니다.

예수만 해도 최근에는, 사도 바울이라는 유대인 사상가가 신화적인 죽음과 부활의 테마를 통하여 에클레시아(교회조직)운동을 일으켜 크게 성공하자, 그 성공에 힘입어 복음서기자들이 만들어낸 가공의 인물이라는 이론도 있고, 또 예수는 당시 많았던 인물의 한 유형일 뿐이며, 따라서 예수가 일종의 집단적인 고유명사일 수 있다는 학설도 있습니다. 그러나 나는 가공적인 이야기라도 역사적 실존성의 근거가 있다고 생각하지요. 싯달타에 관해서도 히말라야 네팔 지역 어느 산중턱의 조그만 종족의 부잣집 청년 정도로 생각해도 무방하지 않을까 생각합니다.

자기파멸의 길, 자기완성의 길

그의 "4문출유四門出遊"라 하는 것을 살펴보면 그의 고뇌의 테마는 노老(늙음)·병病(병듦)·사死(죽음)의 3자입니다. 노·병·사가 고苦로서 자각되었다는 것은 인간 모두가 평소에 젊음에 대한 오만과 건강에 대한 오만과 살아있음에 대한 오만 속에서 살고 있다는 것이죠. 젊음에 대한 오만이 깨질 때 인간의 늙어감에 대한 비통이 생겨나고, 건강에 대한 오만이 깨질 때 병들어가는 자신의 모습을 자각하게 되고, 삶에 대한 오만이 깨질 때 나도 죽을 수밖에 없다는 것을 고뇌하고, 부끄러워하고, 혐오하게 되는 것이죠. 이런 노·병·사를 고苦로서 자각할 수 있었던 아주 예민한 감성의 젊은이가 싯달타였기에 그의 고뇌는 모든 인간에게 공감이 되는 보편성이 있는 것입니다. 노·병·사를 자각할 때, 내가 살아가고 있다는 것은 결국 나라는 존재의 파멸을 의미하는 것이죠. 이 자기파멸의 과정을 어떻게 자기완성의 길로 역전시킬 수 있을 것인가? 이러한 고뇌 속에서 무명無明(인간의 본질적 무지)을 발견하고, 사성제의 희망을 발견했습니다.

업, 윤회, 열반

나는 싯달타를 뭐 그렇게 대단한 사람이라고 생각하지 않습니다. 업業karman이라든가, 윤회輪廻saṃsāra라든가, 열반涅槃nirvaṇa(니원泥洹이라고도 음사한다) 같은 것은 한국사람들에게 김치와도 같이 인도사람들의 생활 속에 배어있는 아주 기본적인 사유의 틀이고 감정의 원천이지요. 이러한 기본적인 틀에 대하여 싯달타는 조금 혁명적인 생각을 한 것뿐이죠. 그러나 싯달타를 위대하게 만든 것은 위대한 초기경전들이 결집되었다는 것이고, 또 그 경전의 내용들이 계속 발전적으로 부정되고 확대되어 나갔다는 사실에 있는 것이죠.

 싯달타 대각자의 말씀을 직접 들은 사람들, 얼마나 행복했겠습니까? 그러나 이들은 이들 나름대로 한계가 있었습니다. 초기승단의 사람들은 내가 보기에 요즈음처럼 시건방을 떠는 스님들이 아니었어요. 요즈음 스님들은 끄떡 하면 자기가 성불했다 하고, 대각했다 하고, 비구의 권위를 내세워서 자기존재감을 특별한 것으로 만들고, 신도들이 엎드려 절하는 것을 당연한 것으로 생각하고, 주지니 총무원장이니 조실이니 방장이니 하면서 권좌에 앉기 위해 벼라별 추저분한 싸움을 벌이는 것이 다반사가 되어버렸지만, 초기승단의 비구들은 매우 소박하고 성스러운 맛이 있는 집단이었습니다. 겸손하고 함부로 성불을 운운하지 않는 도덕적 집단이었습니다.

성문·독각은 자기가 불타가 된다는 생각을 하지 않았다

 "도덕적"이라 하는 것은 계율이 매우 세분화되고 엄격했음을 말하는 것입니다. 그리고 출가자와 재가자의 구분이 확실했으며 출가자는 비구比丘bhikṣu(여성출가자는 비구니比丘尼bhikṣuṇī)라 했는데, 비구는 "빌어먹는다"는 뜻입니다. 비구는 반드시 탁발수행을 해야 하며 물건을 사취할 수가 없습니다. 비구가 된다는 것은 계를 받는다는 것인데, 비구가 지켜야 할 계율이 250가지나 되었습니다(팔리율은 227계조戒條). 요즈음 스님과는 비교도 할 수 없는 엄격한 규율과 통제 속에서 수행했습니다. 그러니 이들의 삶의 목표는 시건방지게 금방 부처가되는 것이 아니라, 대각자인 싯달타가 남겨놓은 가르침에 따라 훌륭한 삶을 사는 것이 대체적인 수행방향이었던 것 같습니다. 그러니까 성문·독각의 소승시대에는 "내가 부처가 된다"는 생각이 별로 없었던 것 같습니다. 가까운 사람들일수록 오히려 경외감을 유지하지, 함부로 자기도 불타처럼 될 수 있다는 생각을 하지 않지요. 결국 모르니까 까부는 거예요.

아라한

초기불교시대에 수행자들이 도달할 수 있는 최고위를 아라한阿羅漢arhan이라고 했는데, 한역한 것을 보면 "응공應供"이라고 했습니다. 공양이나 존경을 받을 만한 응당의 가치가 있는 성자聖者라는 뜻이죠. 이것을 줄인 말이 "나한羅漢"이죠. 아라한들이 자신을 부처라고 생각하지는 않았던 것 같습니다. 그러니까 초기불교는 부처님을 따라다니던 사람들로부터 시작된 것인데, 이들의 삶의 목표는 부처님 말씀을 잘 배우고 따르고 계율을 잘 지켜 도덕적으로 훌륭한 사람이 되는 것이었습니다. 이러한 엄격한 수행을 하다보니 그들은 소수화 되었고 고립화 되었고, 범인들이 사는 세계로부터 격리되는 성향이 있었습니다. 그들은 그만큼 사람들에게 대접을 받았고 존경을 받았습니다. 그러나 사람들이 범접치 못할 본보기는 되었을지언정, 민중과 더불어 구원을 얻는 삶을 향유하지는 못했습니다.

전륜성왕 아쇼카의 등장

다시 말해서 자리自利(자기를 이롭게 한다, 자기 개인의 구원을 추구한다. svārtha, ātma-hita)만을 추구했지 이타利他(타인에게 도움을 준다. parārtha, para-hita)의 결과를 초래하지 못했습니다. 불교의 원래적 의도는 자리를 통하여 이타가 도모되는, 다시 말해서 자리와 이타가 합일이 되는 경지에 있을 것입니다. 상구보리上求菩提(위로는 깨달음을 구함)하고 하화중생下化衆生(아래로는 중생을 제도한다)하는 삶을 실천하지 못했던 것입니다. 이렇게 불교는 권위화 되어가고 소수집단화 되어갔던 것입니다. 이러한 대체적 방향성에 새로운 계기가 생겨납니다. 그 계기를 제공한 사람이 바로 전륜성왕轉輪聖王이라고 불리우는 마우리아왕조의 아쇼카왕(아육왕阿育王이라고 음사된다)이지요. 아쇼카Aśoka의 연대도 확실치 않습니다. 사실 역사적 싯달타의 생애도 아쇼카의 치세와 연동하여 추론하곤 하는데 아쇼카도 확실한 기준이 되질 못해요. 그러나 아쇼카는 역사적인 존재성이 매우 확실한 사람이고 그의 치세는 대강 BC 268~232으로 학자간에 일치를 보고 있습니다.

찬드라굽타가 개창한 마우리아왕조: 동서문명의 본격적 교류

이 아쇼카왕이야말로 광개토대왕과 세종대왕을 합친 것과도 같은 진실로 위대한 왕이었습니다. 마우리아왕조의 개창자인 찬드라굽타마우리아Chandragupta Maurya의 손자인 아쇼카는 인도역사상 최대의 온전한 제국을 형성하였습니다. 찬드라굽타는 아라비아해에서 벵갈만에 이르는 영토, 북으로는 히말라야산맥, 남으로는 데칸고원의 대부분, 서로는 카티아와르반도kathiawar Peninsula(사우라슈트라Saurashtra라는 별명도 있다)에서 힌두쿠쉬산맥에 이르는 거대영토를 확보하였는데 그의 손자 아쇼카는 이를 한층 확대하였습니다. 아쇼카의 제국영토는 아프가니스탄에서 방글라데시에 이르렀고, 타밀나두Tamil Nadu, 카르나타카Karnataka, 케랄라Kerala 몇 지역을 제외한 인도 아대륙 전체를 휘덮었습니다. 그런데 우리에게 중요한 것은 찬드라굽타가 건설한 왕국이 바로 알렉산더대왕의 동정 이후의 사건이며, 찬드라굽타는 그리스의 군사적 지배권을 몰아내고 난다왕조를 무너뜨린 후 마우리아왕조를 창설한 것입니다. 그러니까 희랍의 찬란한 고문명이 헬레니즘의 찬란한 꽃을 피울 시기였다는 것이죠. 아쇼카왕의 치세기간은 이미 동서문명의 교류가 본격적으로 이루어지기 시작한 시대였어요.

결집

불교사적으로도 아쇼카왕 시대에 많은 사건과 변화가 일어나고 있었습니다. 우선 "결집"이라는 게 있어요. 산스크리트어로 "삼기티 saṃgīti"라고 하는데 문자 그대로 "같이 노래부른다"라는 뜻입니다. 비구들이 한군데 모여 붓다의 가르침을 운을 맞추어 노래로 표현합니다. 그리고 서로의 기억을 확인해가면서 합의가 되면 그것을 성전에 적어 올리는 것이죠. 참 아름다운 광경이지요. 제가 말씀드렸지만 종교는 집단적 노력의 결과물입니다. 싯달타 그 개인에게 분명 위대한 소지, 그 씨앗이 있었겠지만 진정 불교를 만들어간 것은 결집을 해나간 사람들의 노력입니다. 싯달타 입멸 직후에 왕사성 교외에서 500명의 비구(아라한)들이 모여 제1차 결집을 했습니다. 이러한 성전 편찬대회의는 교단의 통일화를 위하여 매우 필수적인 것이었습니다. 그런데 이때의 장경이라는 것은 계율과 아함밖에는 없었습니다. 다시 말해서 율장과 경장 2장밖에는 없었던 것이죠.

아쇼카왕 때의 제3차 결집

그 뒤 불멸후 100주년이 되었을 때 제2차 결집이 일어났는데 이때 결집내용에 대한 이견이 일어나 정통주의적 상좌부와 진보적인 대중

부가 분열되는 현상이 일어났습니다. 다시 말해서 부파불교의 시대가 시작된 것입니다. 제3차 결집은 바로 아쇼카왕 때 일어났는데 이때 부파불교의 이론들이 성숙하고 아비달마阿毘達磨abhidharma 즉 논장論藏이 성립하는 것이죠. 부파불교의 이론들이 성숙해져가는 과정이었죠. 이렇게 해서 삼장三藏체계의 대장경이 만들어지는 것입니다.

부파불교의 시대는 불타 입멸 후 100년이 되는 시점에서 기원전후시대에 걸치고 있다고 보면 되겠죠(불타입멸을 BC 450경으로 잡으면, BC 350~AD 10년 정도까지를 부파불교시대로 볼 수 있을 것입니다).

새로운 스투파문화

그러나 불교사적으로 아쇼카왕 시대에 일어난 가장 거대한 변화는 스투파신앙의 대중화라는 현상입니다. 스투파stūpa는 졸탑파卒塔婆, 솔탑파率塔婆, 솔도파率都婆라고 음역되는데 약하여 탑파塔婆, 그냥 탑塔이라고 부르죠. 그러니까 우리말의 "탑"이라는 것은 산스크리트어의 "스투파"의 음역이 변화하고 축약되어 만들어진 말입니다.

우리의 관념 속에서 탑은 기와집처마 모양을 층층이 쌓아올린 석조조형물로 인식되고 있는데, 이것은 불교가 동아시아에 들어오면서 양식적 변화를 일으킨 것입니다. 목조건물모양이 석조화 된 것이죠. 그러나 인도인들의 스투파는, 우리의 탑의 개념과는 다른, 진짜 무덤인데, 벽돌을 엄청 크게 산처럼 쌓아놓은 것입니다. 아마도 우리나라로 치면 분황사 모전석탑이 그나마 그 원형을 조금 보존하고 있다고 할 것입니다. 아쇼카왕은 불교의 문화사적 가치, 그리고 그것의 세계사적 위상을 통찰한 인물 같습니다. 세종대왕이 한글을 창제하는 것처럼, 싯달타의 교설과 그에 대한 신앙을 대중화시킴으로써 새로운 인도정신을 창조하려고 했던 것 같습니다.

8만 4천 개의 스투파

아쇼카왕은, 붓다가 쿠시나가라에서 입멸한 후 그 유골을 8부족이 나누어 8개의 불사리탑을 건립했다고 하는데, 그 8개의 불사리탑 중 하나만 남겨놓고 나머지 7개의 사리탑을 분해하여 그 유골을 재분배하여 전 인도에 8만 4천 개의 스투파를 건립했다고 합니다. 우리나라는 "사리"에 대한 미신적 신앙이 있습니다만, "불사리佛舍利bhagavato sarīra"라는 것은 화장을 하고 난 유골 전체를 가리키는 것이므로, 재까지 다 합했다고 하면 8만 4천 개로 나누는 것도 그리 불가능한 얘기 같지는 않습니다.

그러나 8만 4천 개라는 숫자가 중요한 것이 아니라, 이 불타스투파의 인도 전역 편재로 인하여 새로운 문화, 이전에 꿈도 꾸지 못했던 새로운 대중문화가 발생하게 되는 것입니다. 지금도 인도에 가면 이 스투파가 여기저기 많이 남아있기 때문에 그 장엄한 모습을 얼마든지 감상할 수 있습니다. 제일 중요한 것은 그들의 전통문화와 관련되어 지속되어 내려온 "탑돌이"라는 것이죠. 종교는 "기원"(빔)입니다. 화를 피하고 복을 비는 것은 인간의 지극히 평범한 심원心願이고 종교의 본질에 속하는 것이죠. 교회 나가는 사람도 예수를 믿으러 나가는 것이 아니라, 복 받고 마음 편하고 돈 잘 벌고 천당 가려고 가는 것입니다. 이런 대중의 성향에 잘 부응하면 누구든지, 어떤 종교바닥에서든지 성공적인 목회자가 되는 것입니다.

기원의 문화 탑돌이, 개방된 성역의 형성

"탑돌이"도 기원의 문화입니다. 그런데 이런 데 오는 사람들 중에서 가장 기축이 되는 사람은 돈 많은 집 마나님들이겠지요. 그런데 새로 생긴 부처님의 스투파! 얼마나 매력적이겠어요? 사방에서 사람들이 몰려듭니다. 시녀들을 대동하고 많은 공양물들을 지참하고 오겠지요. 부처님의 스투파에 꽃잎을 흩날리며 탑돌이를 했겠죠(『금강경』을 잘 읽어보면 이런 광경이 떠오르는 장면들이 많다).

이 부처님스투파 탑돌이문화는 폭발적 인기를 끌었습니다. 왜냐하면 그 이전에는 싯달타라는 대각자가 있었다는 소문은 들었어도, 그의 열반 후에는 그의 설법은 들을 수도 없었고, 그의 집단의 행사에 참여할 수 있는 루트가 전혀 개방되어 있지 않았습니다. 기원정사 류의 정사나 비하라 같은 곳은 성문·독각의 수행처로서 고립되고 격절되어 있었기 때문에, 일반인들이 부처님의 향기를 맡을 수 있는 길이 없었습니다.

그런데 갑자기 스투파가 생겼으니 얼마나 좋겠습니까? 그것도 부처님의 스투파이니 그곳에서 탑돌이를 하면서 소원성취를 빌면 정말 효험이 있었겠지요. 다시 말해서 스투파는 승가집단 "외에" 생겨난 부처님의 향내가 나는 개방적 공간이었습니다. 이 "개방적"이라는 말이 중요합니다. 이것이 "대승"이라고 하는 말의 실제적 의미의 전부라고 봐도 됩니다. 이러한 개방적 공간에는 남녀노소, 족보나 신

분이나 사상적 성향이나 종교적 기호나 신념과 무관하게, 누구든지 올 수 있고 또 언제든지 집으로 자유롭게 돌아갈 수 있습니다. 계율도 없고 간섭자도 없고 지도자도 없습니다. 그러나 사람들은 모여듭니다. 이 모여드는 사람들이야말로 진짜 "대중"이지요.

싯달타의 라이프 스토리

그런데 이 대중에게 한 가지 공통된 관심사가 있었습니다. 그것은 "싯달타는 누구인가"라는 질문이었습니다. 그는 어떻게 해서 각자인 붓다가 되었는가? 그의 인생스토리는 무엇인가? 우리가 알고 있는 석가모니Śākya-muni(석가족의 성자)의 라이프 스토리는, 리얼 스토리의 기술이라기보다는 탑돌이하는 사람들의 궁금증을 풀어주기 위하여 이야기꾼들이 만들어낸 이야기들이 양식화 되어간 것이 대부분일 것입니다. 뿐만 아니라 윤회를 전제로 하는 인도인들에게 있어서는, 무궁무진한 전생담(싯달타 전생의 이야기들. 본생담本生譚이라고도 한다)의 구라가 끝없이 이어질 수가 있습니다.

구라꾼, 보살의 등장: 승방정사에서 개방된 가람으로

탑돌이를 하는 귀부인들은 먼 길을 고생해서 왔는데 몇 시간 있다가 돌아갈 수는 없습니다. 몇 날 며칠을 텐트를 치고 그곳에 체류하게 됩니다. 이러한 분위기에서 석가모니에 관하여 유창한 구라를 늘어놓는 설화인說話人들은 귀부인들의 인기를 얻게 되겠죠. 인도는 참 온화하고 교양 있는 사람들이 많은 문명입니다. 문명의 일반 수준이 낮질 않습니다. 이 "구라꾼"(說話人)들은 어느샌가 탑돌이커뮤니티의 존경 받는 리더가 됩니다. 그리고 그들은 공부를 많이 하여 싯달타의 생애와 교설에 관해 심오한 언설을 늘어놓게 됩니다. 그런데 이렇게 구라를 풀다 보면, 자기 구라 속의 모델 인물인 그 주인공의 모습으로 자기가 변해가는 것은 너무도 자연스러운 이치가 아니겠습니까?

누구든지 석가모니를 생각하고 석가모니를 본받고 석가모니의 말씀을 실천하기만 하면 석가모니가 될 수 있다, 그러한 각성, 자각이 든 사람을 "보리살타" 즉 "보살"이라고 부르기 시작한 것이죠. "보살"은 "보리를 구현한 존재," "보리를 향한 존재," "보리의 실현이 그 본질인 사람," "보리가 체화된 사람"이라는 뜻이지, 비구보다 더 낮은 단계의 사람도 아니고, 스님을 섬겨야만 하는 공양주보살도 아닙니다. 이러한 인식의 변화는 불교라는 전체체제에 엄청난 변화를 주게 되었습니다. 비구중심의 승방정사에서 탑중심의 거대한 가람으로 불교중심이 이동하게 되는 것이죠.

탑이 있는 차이띠야, 보살가나의 등장

원래 스투파 주변에 설화인과 그들의 설교에 감화를 받는 신도들의 공동체가 생겨났는데, 이 공동체를 차이띠야caitya(제다制多, 지제支提)라고 했습니다. 이 차이띠야는 항상 스투파 옆에 형성되기 마련이었고 그 전체가 하나의 가람이 된 것이죠. 오늘날 우리는 절에 탑이 있는 것을 상식적으로 받아들이지만, 그것은 보살의 커뮤니티(보살가나gaṇa라고 부른다)에서나 가능한 새로운 현상입니다. 초기불교에서는 상상도 할 수 없었던 일들입니다. 부처님 무덤을 끼고 승려들의 주거가 같이 있다는 것은 너무도 이상한 일이죠. 이 차이띠야 공동체는 승가가 아니었기 때문에 독립적 하부구조를 가지고 있었고, 잘되는 곳은 돈이 많이 돌아가게 되어 있었습니다. 일례를 들면 부파불교의 비구나 비구니는 스투파에 바쳐진 공양이나 시주를 계율상 일체 취할 수가 없습니다. 그러나 구라꾼보살들은 그러한 하등의 제약이 없었습니다.

아쇼카에서 카니슈카로

마우리야왕조는 아쇼카 이후 쇠퇴의 일로를 걷습니다. 그리고 AD 30년경에는 쿠줄라 카드피세스Kujula Kadphises가 월지종족을 통일하고 박트리아의 문화를 계승한 쿠샨왕조를 세웁니다. 쿠샨왕조의 4대 왕인 카니슈카대왕Kanishka I(AD 127~140 재위)이 불교를 크게 진흥시켰다는 사실은 이미 앞서 논의한 바와 같습니다. 여기에 중요한 사실은 새로운 보살운동은 불상문화와 결합되면서 놀라운 힘과 체제와 하부구조를 갖추게 되었다는 사실입니다.

부파불교시대까지는 부처님의 형상은 타부였다

여러분들이 잘 아시는 대로 초기불교에는 계율이 심했고 타부가 많았습니다. 제일 큰 타부 중의 하나가 입멸한 석존은 절대 형상화해서는 아니 된다는 것이었습니다. 모든 형상의 윤회를 초월하여 무형의 세계로 들어간 불타를 또다시 형상으로 표현한다는 것은 불경不敬이었고 반신성의 모독이었고 세속적 집착에 불과한 일이었습니다. 그래서 초기불교의 불전도에는 세존의 발자국만 그려져 있는 것이 끽이었습니다. 형상화하지 않은 것이 정도正道였습니다.

그런데 월지가 들어간 박트리아는 알렉산더대왕의 부하장군의 지배하에 들어가면서 셀류코스왕국의 주요 지방이 되었고, 짙은 희랍 문명의 영향하에 있었습니다. 희랍문명은 이데아의 세계를 이상적 형상으로 표현하는 데 천부적인 재질을 발휘했고, 돌조각의 천재들 이었습니다. 무엇이든지 닥치는 대로 조각했습니다. 박트리아에서는 보통사람들 집안의 정원이 조각품으로 가득했습니다. 분수를 많이 만들었는데 분수도 오줌 누는 신동으로 꾸미는 것은 다반사지요. 그 런데 아무런 초기불교의 타부를 모르는 사람들이 부처님을 조각하기 시작했습니다. 분수대에 부처님 돌조각을 올려놓으면 집안 전체가 성스럽게 보였습니다.

스투파의 불감

스투파신앙을 가진 사람들에게도 부처님의 모습이 궁금했습니다. 그런데 구라꾼보살들에게는 귀부인들의 관심을 끄는 것이 제일 바람 직한 일이고, 부파불교의 비구들이 지키는 타부와 아무런 관련이 없 었습니다. 어느 날 누가 부처님애기를 하는데 스투파 한 곳을 파서 불감을 만들고 그곳에 불상을 앉혀놓고(불상은 대강 보리수 밑에 앉아 증 득하는 모습) 싯달타의 고행과 정진에 관해 이야기하기 시작했다고 합 시다. 인기가 짱이죠. 시주도 더 많이 들어옵니다. 듣는 사람도 훨씬 더 실감납니다. 불상은 순식간에 퍼져가고 돈이 되니깐 전문제작인 들이 생겨나고, 또 주문자들의 원칙이 서게 됩니다.

불상이 언제 어떻게 생겼는가 하는 문제는 정론이 없지만, 간다라 지역과 마투라지역에서 거의 동시적으로 불상제작이 이루어졌다고 봅 니다. 나는 이 제작시기를 기원 전후, 그러니까 1세기 초 혹은 약간 그 이전부터 생겨나기 시작했다고 봅니다(불상학에 관해서는 이미 많은 연구 성과가 축적되어 있습니다. 그 최초의 연구가 타카타 오사무高田修[1907~2006, 동경제대 인도철학과 출신]의 『불상의 기원佛像の起源』입니다. 저는 이와나미서점에서 나온 1967년 초판본을 소장하고 있습니다. 타카타의 불교미술 연구시각은 일본의 불교학자들에게 엄청난 영향을 주었습니다). 간다라지역의 불상은 매우 희랍적 양식을 따르고 있으며 세련미가 있는데 반해, 마투라지역의 불상은 투박하고 토착적인 느낌이 강합니다. 그러니까 여러분들이 절깐에 가서 대웅전의 부처를 본다는 것은 초기불교에서는 상상도 할 수 없는 일이었죠. "대웅전大雄殿"이라는 말도 웃기잖아요? "큰 수컷이 앉아있는 전각"이라는 뜻이니 이런 권위주의적이고 위압적인 이름은 초기불교와는 거리가 멀죠. 중국에서도 당나라 중기 이후에나 생겨나는 말인데 무슨 "마쵸"를 강조하는 그런 관료주의 냄새가 나죠(금부처가 앉아있는 것이 하도 희한해서 처음에는 그냥 "금당"이라 불렀다).

대승불교는 초기불교와는 전혀 다른 성격

자아! 역사적 사실을 소개하려면 끝이 없습니다. 간결하게 대승불교가 무엇인가 하는 것을 설명하겠습니다.

싯달타의 종교가 아니라 보살의 종교

우선 대승불교는 싯달타의 가르침을 따르는 초기불교와는 전혀 성격이 다른 것입니다. 대승불교는 싯달타의 종교가 아니라 보살의 종교입니다. 이런 말을 하면 나를 불경스럽다고 말할 것입니다. 대승불교는 이미 싯달타의 가르침을 준수하겠다는 사람들의 종교가 아닌, 보살들, 즉 스스로 싯달타가 되겠다고 갈망하는 보살들의 종교입니다. 자각의 종교이지 신앙의 종교가 아닙니다. "자리리타自利利他," "자각각타自覺覺他"(스스로 깨우침으로써 타인을 깨우침)의 염원을 제1의 목표로 삼습니다. 자기의 구제만에 전심하여 타인의 구제를 등한시하는 소승의 종교가 아닙니다. 철저히 구도의 과정이 사회적 관계 속에서 이루어져야 하는 것입니다. "불살생不殺生"이라는 계율을 하나의 예로 들어보죠. 경직된 계율만을 고집하는 사람들은 "고기를 안 먹는 것" 정도로 불살생을 생각합니다. 그러나 이러한 계율의 본래적 의미는 자기만 살생하지 않으면 오케이가 되는 계율이 아닙니다. 타인으로 하여금 살생치 못하게 하는 계율도 된다는 것입니다. 불살생의 계는 나의 청정만으로 지켜지는 계가 아니라, 타인의 생명을 구한다, 타인을 생명의 위협에서 건지는 계가 되는 것이죠.

재가자와 출가자의 구분이 없다: 삼보일체

둘째는, 대승불교는 일체 재가자와 출가자의 구분이 없는, 양자가 일관一貫되는 체제와 경지에서 출발한 새로운 종교운동입니다. 초기불교는 어디까지나 출가자 비구들의 종교였습니다. 그러나 대승불교는 재가자들 사이에서 자연발생적으로 솟아난 종교운동입니다. 그러니까 오늘날 우리나라의 비구승가를 특별한 권위체로 인정하는 모든 체제는 사실 소승이지 대승이 아닙니다. 비구는 빌어먹기만 할 뿐, 아무것도 소유할 수 없습니다. 그런데 오늘날 비구는 돈, 권력, 절깐 그 모든 것을 소유하고 있습니다. 초기 승려들의 모습과 너무도 다른 것입니다. 대승불교 내의 출가자와 재가자의 구분은 후대에 생겨난 방편일 뿐입니다. 초기대승불교에는 그런 구분이 없었습니다. 삼보三寶가 일체였습니다. 그리고 출가보살의 독자적인 계율도 없었습니다.

난행도와 이행도를 다 포용

셋째로, 대승불교는 보편적 인간을 상대로 하기 때문에 난행도難行道(어렵게 달성되는 길: 공부. 이지적 깨우침)와 이행도易行道(쉽게 달성되는 길: 염불. 신앙)를 포섭합니다. 행行과 신信을 다 중시하며, 우자愚者, 약자弱者라 할지라도 구원에서 빼놓지 않습니다.

보살일승의 개방종교: 색신에서 법신으로

넷째로, 대승불교는 보살 일승一乘의 종교입니다. 성문, 독각, 보살, 삼승의 구분이 존재할 수 없습니다. 따라서 불타에 대한 관념도 매우 본질적인 변화가 일어납니다. 불타는 이미 색신의 싯달타가 아닙니다. 색신의 불타는 사라지고 법신으로서의 불타가 신앙의 중심에 자리잡게 됩니다. 이것은 실로 모든 이론의 도약을 가져오게 되지요. 기독교나 이슬람 모두 이러한 법신에 대한 이해가 없어 도그마에 빠지고 마는 것입니다.

모든 인간은 보살이다: 불상존중=나의 성불

다섯째로, 대승불교의 가장 큰 특색은 모든 인간이 보살이라는 신념에 있지요. 소승의 아라한은 불타의 가르침을 따라 번뇌를 단절한다는 소극적 자세에 머물렀습니다. 그러나 보살은 불타와 동일한 깨달음을 얻을 수 있다는 신념의 인간입니다. 소승의 아라한은 보살의 경지에는 이르지 못했습니다. 원래 등신불의 불상을 앞에 놓는 것도 그것이 숭배의 대상이거나 내가 도달할 수 없는 어떤 경지의 인간을 숭앙한다는 뜻이 아닙니다. 싯달타가 보리수 밑에서 증득하는 그 모습을 앞에 놓고 나도 저렇게 될 수 있다는 믿음을 갖는 것이죠. 불상숭배는 실상 모두가 보살신앙에 속하는 것입니다.

기독교역사는 대승기독교를 허락치 않았다

세부적인 면에서 얘기할 것이 너무도 많습니다. 그러나 여기서 일단 대승불교에 관한 논의를 마무리짓고, 『반야심경』 본문에 즉하여 더 심도 있는 논의를 진행하여 보기로 하죠! 대승불교의 혁명적 성격을 우리는 너무도 진부한 상식적 언어의 틀 속에서 이해하고 있다는 것을 재차 강조하고 싶습니다. 기독교의 예를 들자면, AD 1세기에 일으킨 예수운동Jesus Movement 그 자체는 오히려 매우 혁명적이고 구약(소승)에 대하여 대승적인(신약: 새로운 약속) 성격을 지니고 있었습니다. 그러나 그것이 문서화 되면서 정경화 되었고 권위화 되었습니다. 또다시 그 권위를 뒤엎는 새로운 대승의 개방의 과정을 겪지 못했습니다. 마르틴 루터Martin Luther, 1483~1546의 종교개혁도 일정한 권위의 틀 속에서만 머문 것이고 진정한 대승의 종교혁명을 이룩하지 못했습니다. 아나밥티스트들Anabaptists(자각적이지 못한 유아세례는 무효라는 것을 주장한 사람들)의 주장도 수용하지 못하고 박해했으며, 토마스 뮌처Thomas Müntzer, 1489~1525(종교개혁시대의 래디칼한 신비주의 설교자. 루터에 반대)의, 성경은 단지 과거의 영적 체험의 잔재일 뿐, 그것이 내 마음속에서 영적 생명력을 갖지 않는 한 휴지쪽일 뿐이라는 주장을 이단으로 간주했습니다. 뮌처는 비참하게 고문당하고 처형되었습니다.

반불교 반종교의 시작

그러나 대승불교는 역사적 불타로부터 한 500년간 지속되어온 초기불교의 모든 이스태블리쉬먼트를 뒤엎었습니다. 교리와 교단조직과 성원成員의 성격까지 모두 뒤바꾸는 혁명을 감행했습니다. 대승불교의 출현이 없었더라면, 호모사피엔스가 이 지구에서 만들어낸 모든 종교는 그야말로 사악한 도그마와 배타와 전쟁의 판타지만 만들고 스러지는 그러한 족적만을 남기지 않을까요? 『반야심경』은 불교가 아닌 반불교, 종교가 아닌 반종교의 위대한 언설이라는 나의 첫 인상을 이제 확인해봅시다.

『심경』의 8종

우선 우리가 『반야심경』이라고 하는 경전은 AD 649년에 현장이 역출譯出했다고 하는 텍스트를 기준으로 삼고 있고, 그 가장 정종이 되는 판본은 우리 고려제국의 대장경 속에 수록되어 있습니다. 현장이 인도에서 장안으로 돌아온 후 4년 만에 이 『심경』을 번역한 것입니다. 그렇다면 현장 이전에, 일례를 들면 구마라집(350~c.409)이 번역한 『심경』은 없을까요? 물론 있습니다. 대정대장경에 수록된 『반야심경』만 해도 다음의 8종류가 있습니다. 학구적인 관심을 갖는 사람들을 위하여 그 8종을 우선 써보겠습니다.

1. 『마하반야바라밀대명주경摩訶般若波羅蜜大明呪經』 1권. 구마라집
   鳩摩羅什(Kumārajīva) 역. No.250

2. 『반야바라밀다심경般若波羅蜜多心經』 1권, 현장 역(649). No.251

3. 『보편지장반야바라밀다심경普遍智藏般若波羅蜜多心經』 1권, 법월
   法月(Dharmacandra) 중역重譯. No.252

4. 『반야바라밀다심경』 1권, 반야般若(Prajñā)와 이언利言 등이 공역
   共譯(790). No.253

5. 『반야바라밀다심경』 1권, 지혜륜智慧輪(Prajñācakra) 역(861). No.254

6. 『반야바라밀다심경』 1권, 법성法成 역(856). No.255

7. 『당범번대자음반야바라밀다심경唐梵翻對字音般若波羅蜜多心經』 1권, 불공不空(Amoghavajra) 음역音譯(AD 746~774경). No.256

8. 『불설성불모반야바라밀다경佛說聖佛母般若波羅蜜多經』 1권, 시호 施護(Dānapāla) 역(AD 1000년경). No.257

여기에 제가 든 8개의 『반야심경』은 모두 타카쿠스가 편한 대정대 장경 제8권에 실려있기 때문에 여러분들이 쉽게 그 동이同異를 대조 해볼 수 있습니다.

대본과 소본

『반야심경』만 해도 현존하는 산스크리트본에 따라 대품계大品系(대 본大本이라고도 한다)와 소품계小品系(소본小本이라고도 한다)로 나눌 수 있 는데 소품과 대품은 아주 크게 차이가 나는 것은 아닙니다. 그러나 소품은 더 축약되어 있고, 대품은 보다 형식적인 면에서 격식을 갖추 고 있고, 또 상황설명도 자세합니다. 일례를 들면, 소품은 곧바로 "관 세음보살觀世音菩薩"(혹은 관자재보살觀自在菩薩)로 시작하지만, 대품은 "여시아문如是我聞"으로 시작하여 "개대환희皆大歡喜, 신수봉행信受奉 行"으로 끝납니다. 대품은 전통적 경전의 격식을 갖추고 있다는 뜻이 지요.

구마라집 『심경』 번역본의 문제점

자아! 그렇다면 구마라집의 번역은 소품일까요, 대품일까요? 우리가 보통 소품이라 하면 현장의『심경』을 기준으로 삼는 것입니다. 잘 모르는 사람이 라집의 번역을 대품으로 말하고 있는데, 라집의 번역은 현장의 것과 같은 소품계열입니다. 상기의 8개 중에서 소품계는 1·2·7뿐이고 나머지 5개는 다 대품계입니다. 그런데 제7의『심경』은 번역이 아니고 산스크리트어본을 발음대로 한자로 써놓은 것이죠. 그러니까 한자발음기호지요. 얼마나 부정확한 발음표기이겠습니까마는 이러한 음역본이 남아있기 때문에 한자의 음가를 재구再構하는 데 엄청난 도움을 줍니다. 사실 불경 때문에 중국의 성운학聲韻學이 발전했다고도 말할 수 있어요. 그러니까 소품계 한역은 라집 것과 현장 것 두 개밖에는 없는 셈입니다.

『금강경』 번역을 놓고 생각해보죠.『금강경』의 라집역을 우리는 구역舊譯이라 하고 현장역을 신역新譯이라 한다는 것은 제가 이미 저의『금강경강해』(신판 53쪽을 참고할 것)에서 충분히 해설했습니다. 그런데『금강경』번역의 경우 현장의 신역이 라집의 구역에 영 못 미칩니다. 이것에 대한 해설도 제가 이미 충분히『금강경강해』에서 논구한 것입니다. 문장의 간결성과 심미적 아름다움과 의미전달력과 반복의 리듬감에 있어서 도저히 현장의 신역이 라집의 구역의 오리지날리티originality를 못 미치는 것이죠.『금강경』의 경우는 라집역이 월등히 좋다! 그런데『반야심경』의 경우는 현장역이 월등히 좋다! 자~ 그럼,『반야심경』의 경우도 그까짓 260자밖에 안되는 동일 텍스트인데 어찌하여 라집역이 민중의 마음을 사로잡지 않고 현장역이 절대우위를 차지했을까? 어떤 연유에서 이런 현상이 발생했을까?

자아~ 이런 문제를 텍스트 크리틱을 해가면서 접근하면 또 하나의 책이 필요합니다. 이런 문제는 텍스트비평의 전문영역에 속하는 문제입니다. 우리나라 불교계는 문헌의 고등비평에 너무 소홀해왔습니다. 그래서 지금 텍스트비평적 시각을 자세히 펼치자면 너무 난감한 문제가 많습니다. 결론만 간략히 말씀드리겠습니다. 여러분들께서 누구든지 문헌비평의 전문지식이 없더라도 라집역과 현장역을 비교해 놓고 보면, 라집역이 너무도 졸렬하고 같은 의미체계를 쓸데없이 반복하거나, 전달하는 내용도 그 포괄성이나 심미적 질감에 있어서 현장역에 썩 미치지 못한다는 것을 쉽게 알아차릴 수 있습니다. 우선 제목만 비교해보아도 당장 라집역의 저열성을 알 수가 있습니다.

라집 제목	마하반야바라밀대명주경 摩訶般若波羅蜜大明呪經
현장 제목	반야바라밀다심경 般若波羅蜜多心經

가장 큰 차이는 "심경"(핵심이 되는 경전)이라는 말을 "대명주경"으로 바꾸었다는 데 있습니다. "흐리다야 수뜨람hṛdaya-sūtram"을 "대명주경"이라고 바꿀 이유가 없지요. "대명주大明呪"(크게 밝은 주문)라는 말이 본문 속에 있는 말이기는 하지만 "반야바라밀다"를 일종의 주술적인 주제로 간주하여 그것을 제목으로 내건다는 것은 "반야"의 사상을 왜곡하는 결과를 초래할 수도 있습니다. 대명주의 "명"은 "무명"에 반대되는 개념이며 그것 자체로 이미 "반야"의 의미를 갖

습니다. 그것을 주술인 것처럼 규정하는 것은 적합하지 못합니다. 다시 말해서 이 "대명주경"이라는 제목에는 후대 밀교적 성향이 반영되었다고 볼 수도 있다는 것입니다.

둘째로 "반야바라밀다"가 "반야바라밀"로 축약되어 있습니다. 축약형이 아무래도 더 후대의 관례인 경우가 많지요.

셋째로 "마하摩訶"라는 말이 덧붙여져 있습니다. 이미 "반야바라밀다"는 대승운동에서만 가능한 개념입니다. 그 앞에 "마하"(크다, 위대하다)라는 군소리를 붙일 필요가 없습니다. 원어도 "prajñāpāramitā"이지 그 앞에 "마하"가 붙어있지 않습니다. "반야바라밀다심경," 그 얼마나 간결하고 심플한 제목입니까? "마하반야바라밀대명주경," 좀 촌스러운 무당집 냄새가 나지 않습니까?

혹자는 이렇게 반문할 수도 있습니다: "라집은 다른 계열의 소품 산스크리트본을 기초로 했을 것이다." 그런데 학자들이 라집역을 현존하는 많은 산스크리트본과 대조연구한 결과, 라집본은 결코 산스크리트원본을 전제로 한 번역이 아니라는 결론에 도달하였습니다. 그것은 곧 라집본은 현장의 한역을 보고 적당히 개작한 후대의 날조품이다라는 얘기가 되는 거죠. 이렇게 되면 왜 사람들이 현장역을 택하고 라집역을 택하지 않았을까 하는 것이 쉽게 설명이 됩니다. 현장역 이전에 라집역이 실존하지 않았다는 것이죠. 그리고 결정적인 사실은 불교사에서 라집의 『대명주경』이 언급된 적이 없다는 사실이죠. 라집은 현장보다 2세기 하고도 반이 이른 시대의 사람입니다. 그런데 그 시기에 라집의 『반야심경』번역이 있다는 기록이 없습니다. 최초의 기록은 지승智昇의 『개원석교록開元釋教錄』(AD 730)에 나오는데, 그 시점은 현장역보다 81년 후의 시점입니다.

하여튼 복잡한 얘기는 그만둡시다. 라집역은 일고의 가치가 없다. 그 텍스트도 신빙성이 희박하다. 그러므로 가장 권위 있는 최초의 『심경』은 우리 고려제국의 대장경 속에 들어있는 현장의 『반야바라밀다심경』이다! 하는 것만을 기억해두시면 되겠습니다. 그러나 이러한 논의 전체가 부정될 수도 있으며 라집의 번역의 권위를 있는 그대로 인정할 수도 있습니다. 학문의 세계에서 독단은 불가합니다. 라집이 번역한 대품반야경계열에 2만5천송에 해당되는 『마하반야바라밀경摩訶般若波羅蜜經』이라는 책이 현존하고 있습니다. 이 라집 번역본에서 『반야심경』과 같은 내용을 전하는 구문들을 뽑아 라집의 『대명주경』과 비교를 해보면 도저히 『대명주경』의 문장이 라집의 친필이라고 믿겨지질 않아요. 하여튼 이런 문제는 생략키로 하지요. 저는 단지 왜 현장의 『심경』이 절대적 우위를 차지하게 되었는가 하는 것을 합리적으로 설명해보았을 뿐입니다. 최종적 결론은 이것입니다: 『반야심경』에 관해서는 현장의 『심경』텍스트만을 확실하게 이해하면 만사 오케이!

제목의 해설

다음, 우리는 제목이 되는 "반야바라밀다"라는 말을 해설해야 하겠습니다.

"반야사상은 대승불교의 출발이다"라는 말은 누누이 반복되었습니다. 반야사상은 다시 말해서 대승불교에서 새롭게 정의된 사상이라는 뜻이죠. 그런데 대승불교는, 우리가 소승이라고 잘못 부르고 있지만, 그냥 방편상 그렇게 부르고 있는 초기불교의 승가집단과는 전혀 계통을 달리하는 사람들과 조직과 이론으로부터 발생한 새로운 불교운동입니다.

6바라밀의 등장

여러분! 대형버스와 고급자가용세단과 뭐가 다를까요? 버스는 많은 사람들이 쉽게 탈 수가 있습니다. 그런데 반해서 세단은 안면이 있거나 신분이 있거나 특수관계에 있는 소수만이 탈 수 있습니다. 버스는 싼 버스표만 있으면 탈 수 있지요. 작은 수레(소승)와 큰 수레(대승)의 차이는 무엇일까요? 가장 큰 차이는 계율의 문제입니다. 소승은 계율이 250가지나 되는 매우 복잡한 자격을 지녀야 올라탈 수 있습니다. 그러나 대승에게는 그러한 계율이 무의미했습니다. 세목의 계율을 지키는 것이 중요한 것이 아니라 사람을 널리 구원하고 될 수 있는 대로 많이 같이 큰 수레에 태워야 하는 것이 더 중요했습니다. 그러려면 계율이 유연성 있게 운영되어야 하고 또 혁파될 것은 혁파되어야 했습니다. 그래서 등장하는 새로운 대승의 실천원리가 이른바 "6바라밀六波羅蜜"(육도六度)이라고 하는 것이죠. 1) 보시布施 2) 지계持戒 3) 인욕忍辱 4) 정진精進 5) 선정禪定 6) 지혜智慧(知惠라고도 쓴다)라는 것인데, 250계율과 같은 것에 비하면 매우 일반화 되고 추상화 되고 유연성 있는 원칙이 된 것이죠.

그런데 여기서 문제가 되는 것은 6번째의 지혜라는 것이죠. 이것이 바로 "반야"인데, 6바라밀은 반야의 바라밀에서 완성에 이르게 된다는 뜻이죠. 다시 말해서 앞의 5바라밀은 제6바라밀을 위한 전 단계에 불과한 것이죠.

바라밀의 해석

자아! 우선 "바라밀"이 무엇인지 살펴보죠! "바라밀다pāramitā"는 "최고의"라는 뜻을 가지는 형용사 "parama"로부터 파생한 말, "pārami-"에, 상태를 나타내는 접미사 "tā"가 더해져서 만들어진 추상명사입니다. "극치, 완성"을 의미하지요.

그러나 또 한편 교의적인 어의해석을 내리는 사람들은, "저기 저 언덕에 가는 것, 간 상태"를 의미한다고 고집하죠. 이것은 피안彼岸을 의미하는 명사 "pāra"의 목적격인 "pāram"에 "간다"라는 의미가 있는 어근 "i"를 붙여서 "피안에 가는 자, pāramit"라는 명사를 만든 거예요. 그리고 문법규칙에 의하여 최후의 "t"를 생략하고, 접미사 "tā"를 첨가하여 "pāramitā"라는 복합어를 탄생시키죠.

어학적으로 볼 때에는 전자의 "극치, 완성"이라는 해석이 더 타당성이 있어요. 보다 소박한 해석이죠. 그러나 교의적으로 철학적으로 해석하고 싶어하는 사람들은 후자의 "도피안度彼岸"의 어의를 선택합니다. 티베트경전이나 한역경전에 후자적 해석이 많이 등장합니다. "도피안度彼岸," "명도明度"등의 역어가 쓰였습니다. 그러나 이 양자를 결합해서 생각하는 것도 가능합니다. 저 언덕 즉 "피안"이라고 하는 것은 "열반" 즉 "깨달음"을 의미하죠. 실제로 개울을 건넌다는 의미는 아니겠죠. 그렇다면 "피안"은 "탁월함의 극치"를 의미하게 됩니다. 그러면 "바라밀다"라는 것은 "탁월함의 극치에 가는 것"이 되고, 그것은 곧 "완성"을 의미하죠. 라집이 번역한 논서論書에 『대지도론大智度論』이라고 하는 것이 있어요. 여러분들은 이제 "대지도"라는 말과 "마하반야바라밀다"라는 말을 별개로 생각하지 않겠죠? 음역과 의역에 따라 외관상 이렇게 큰 차이가 있습니다. 『대지도론』은 인도의 대사상가인 용수의 저작으로서, 대품계열 반야바라밀다경의 주석서이지요.

계율과 지혜의 길항성

자아! 이제 앞에서 말한 "6바라밀" 얘기로 돌아가 봅시다. 보시·지계·인욕·정진·선정·지혜에 다 바라밀이 붙지만(보시바라밀, 지계바라밀…… 이런 식으로) 실제로 "완성"을 의미하는 "바라밀"이라는 것은 보시·지계·인욕·정진·선정 5덕목에는 붙을 수가 없습니다. 앞의 5덕목은 오직 "지혜의 완성"을 통해서만 바라밀의 자격을 얻습니다. 그러니까 6바라밀이라고 하지만 지혜바라밀은 여타 덕목과 차원이 다른 것이죠. 여기에 나는 여러분께 "계율과 지혜의 길항성"이라는 인간 보편의 테마를 제시하려 합니다.

대승은 비구·비구니집단이 아닙니다. 오늘날 해인사·송광사 등의 절간에 출가하는 자들에게는 대승을 운운하기 어렵습니다. 그들은 소승집단이 되어버린 것이죠. 소승이라고 꼭 나쁠 게 없어요. 그들 나름대로의 역할이 있으니까요.

그런 이전의 250개나 되는 초기불교 승가계율이라는 것은(실제로 그보다 적을 수도, 더 많을 수도 있다) 그 특징이 재가자와 출가자를 엄격히 구분하는 데서 출발하는 계율이었어요. 그러니까 그러한 계율은 기본적으로 비사회적·출세간적 소극적 계율이었다는 것이죠. 그런데 이러한 계율은 보살에게는 맞지 않아요. 보살은 우선 재가자와 출가자의 구분이 없었고 활동이 대중과 더불어 이루어지는 것이죠. 그러니까 대승의 계율은 사회 속에서 이루어지는 삶에 관한 것이 되어야만 합니다. 그러니까 보살의 계율은 사회적·세간적 계행戒行에 관한 것이 되어야만 합니다.

이 사회적·세간적인 적극적 계행이 바로 "6바라밀"로 결정화結晶化 된 것이죠. 꼭 6개만 있겠어요? 처음에는 4바라밀, 10바라밀, 다른 덕목의 6바라밀 등 다양한 것이 있었다 해요. 그 외로도 초기대승교도들이 지켜야 할 "십선업도十善業道"라는 것이 6바라밀과 더불어 중요한 계율로서 인식되었다고 합니다: 살생殺生, 투도偷盜, 사음邪婬, 망어妄語, 양설兩舌, 악구惡口, 기어綺語, 탐욕貪欲, 진에瞋恚, 사견邪見의 악행을 벗어나는 것이죠. 이것은 모두 사회생활 하는 데서 지켜야 할 덕목들입니다. 그리고 탑돌이커뮤니티에서 "구라꾼"들이 귀부인들이 가져다주는 좋은 술을 너무 먹으니까 "불음주不飮酒"라는 덕목이 특별히 첨가되었다고 해요. 요즈음 우리나라 스님들도 술을 마시는 사람들이 많은데, 한두 잔이야 문제없지만 끊임없이 과음하게 된다는 데 문제가 있어요. 스님생활 하려면 술을 들지 마세요. 오현 스님과 같은 특별한 경지를 함부로 흉내내지 마세요.

좌우지간 계율이라는 것은 어떠한 경우에도 인간에게 꼭 필요한 것입니다. 그런데 그것이 너무 경직화 되고 세분화 되고 교조화 되면 주자학 또라이들보다도 더 못한 맹꽁이가 되어버려요. 밴댕이콧구멍만한 인간이 되어버리는 것이죠. 어떠한 경우에도 인간이 계율에 눌린다는 것은 비극적 상황입니다. 보살혁명은 계율혁명이었습니다. 승가가 아닌 새로운 보살가나(gaṇa보살커뮤니티: 부파불교시대까지의 승가僧伽와 다른 개념)가 만들어졌습니다. 그러나 보살가나에도 새로운 계율이 필요했습니다. 그것이 6바라밀입니다.

타율적 계율이 느슨하게 되면 인간의 자율적 지혜는 고도의 자기조절능력을 발휘해야 합니다. 인간이 자율적 자기컨트롤 능력이 없을 때는 당연히 타이트한 계율 속에서 사는 것이 더 낫습니다.

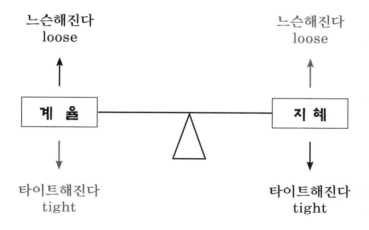

대승의 발전은 계율의 느슨함을 초래함과 동시에 지혜의 특별한

수행, 특별한 자각적 바라밀다, 완성의 길을 요구하게 된 것입니다.

결론적 성격

여기서 아예 결론을 내버리는 것이 좋겠군요. 여러분들께서 제『금강경강해』를 읽으셨다는 전제하에서 아예 솔직하게 얘기하는 것이 좋겠어요.『금강경』이나『반야심경』이나 동일한 주제를 전달하는 대승경전인데,『금강경』의 주제는 초장에 이미 적나라하게 노출되어 있습니다.

3-3. 이와 같이 헤아릴 수 없고, 셀 수 없고, 가없는 중생들을 내 멸도한다
하였으나, 실로 멸도를 얻은 중생은 아무도 없었어라.'

如是滅度無量无數無邊衆生, 實无衆生得滅度者.'
여 시 멸 도 무 량 무 수 무 변 중 생　실 무 중 생 득 멸 도 자

3-4. 어째서 그러한가? 수보리야 ! 만약 보살이 아상이나 인상이나 중생
상이나 수자상이 있으면 곧 보살이 아니기 때문이다.

何以故? 須菩提! 若菩薩有我相人相衆生相壽者相, 卽非菩薩。
하 이 고　 수 보 리　약 보 살 유 아 상 인 상 중 생 상 수 자 상　즉 비 보 살

불타가 말합니다: 나는 헤아릴 수도 없는 가없는 뭇 중생들을 구원하였다. 그러나 나는 아무도 구원하지 않았다.

예수가 말합니다: 나는 헤아릴 수도 없는 가없는 뭇 사람들의 죄업을 대신하여 십자가를 졌다. 그러나 나는 실로 십자가를 지지 않았다. 나는 구세주가 아니다.

불타는 분명 이렇게 말했습니다. 그러나 예수는 이렇게 말하지 못했습니다. 그래서 서구문명은 영원히 유치할 수밖에 없습니다. "유치하다childish"하는 것은 열등한 도그마의 절대적 선을 주장할 뿐이라는 것이죠. 그래서 서구역사에서는 진정한 혁명이 불가능합니다. 정치적 혁명이 성공한다 해도 곧바로 기존의 도그마로 회귀할 수밖에 없습니다.

불타나 예수나, 그들의 역사적 인간으로서의 위대성은 단 하나! "아상我相"을 지니지 않았다는 것입니다. 대승은 전혀 초기불교·부파불교와는 다른 갈래에서 나온 매우 혁명적인 새로운 교설이었지만 결국 "무아無我"라는 이 한 가르침으로 회귀하는 것입니다. 불교는 무한한 혁명을 수용합니다. 기독교는 절대로 혁명을 받아들이지 않습니다. 불교가 무한한 혁명을 수용할 수 있는 것은 그 최초의 원초적 핵심에 불교가 이래야만 한다는 "아상"이 없기 때문입니다.

결국 "지혜의 완성" "지혜의 배를 타고 피안으로 고해를 건너가는 과정"이라는 것은 바로 아상我相을 죽이는 것입니다 "어째서 그러한가? 수보리야! 만약 보살이 아상이 있으면 곧 보살이 아니기 때문이다."

벼락경

"금강경"이라는 번역어가 나올 때에 지금 우리가 생각하는 "다이아몬드"라는 보석은 없었습니다. "금강경"을 "다이아몬드 수트라"라고 영역하는 것은 잘못된 번역입니다. 금강은 "금강저"를 말하는데 그것은 희랍의 제신 중의 대왕인 제우스가 휘두르는 무기나 인도신

화에 나오는 "바즈라vajra"라는 것인데, 그것은 "벼락"(thunderbolt)을 의미하는 것입니다.

"금강경"은 실제로 "벼락경" "벽력경霹靂經"으로 번역되어야 했습니다. 벽력처럼 내려치는 지혜! 그 지혜는 인간의 모든 집착과 무지를 번개처럼 단칼에 내려 자르는 지혜인 것입니다. 지혜는 멸집滅執의 지혜입니다. 그런데 이 벼락을 보통사람들은 다음과 같이 이해하죠.

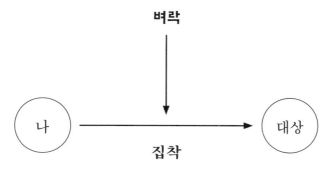

그러나 『금강경』『반야심경』이 말하는 멸집은 다음과 같은 것입니다.

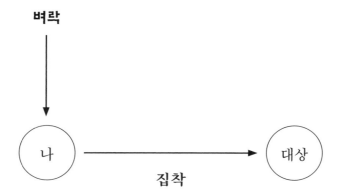

벼락이 나에게 떨어지면 나는 어떻게 될까요? 나는 죽습니다. 나는 가루가 되어버립니다. 벼락을 맞아 가루가 된 나! 조금 있다가 말씀드리겠지만, 오온五蘊이 해체된 나, 그것을 바로 "공空"이라 말하는 것입니다. 물론 오온 그 자체가 공이지요.

계율을 지킨다는 것은 항상 아상我相이 전제되어 있습니다. "내가 이럴 수가 있나?" "나는 최소한 이런 계율은 지켜야지" "나는 ……" 지혜의 완성이라고 하는 것은 궁극적으로 아상을 죽이는 수행입니다. 이것은 또 하나의 계율이기는 하지만 타율적 수율守律과는 전혀 다른 차원의 자기수련입니다. 예수도 구세주라는 아상을 가지고 있다면 구세주의 자격이 없습니다. 그래서 기독교의 신학자들도 예수가 십자가상에 울부짖은 한마디, "엘리 엘리 라마 사박다니, 나의 하나님, 나의 하나님, 어찌하여 나를 버리셨나이까?" 그 한마디를 이해하지 못합니다. 예수도 그 본질에 있어서는 자기부정의 인간이었다는 것이죠.

아상을 버린다

과연 아상을 버린다고 하는 것이 무슨 뜻일까요? 무아는 아트만의 부정이다! 아트만의 부정은 실체의 부정이다! 이런 말을 천만 번 뇌까려도 그 의미가 뼛속 깊게 전달이 되지 않는 경우가 허다합니다. 부끄러운 일이지만 스무 살 초경에 광덕사 변소깐에서 『반야심경』 260자와 석 달 동안 진검대결을 벌인 후에 제가 쓴 오도송 하나를 여기 소개하겠습니다. 나는 내가 쓴 최초의 오도송은 한문이 아닌 순한글로 썼습니다. 그것도 일곱 자입니다.

나는 좆도 아니다.

이것이 나의 오도송의 전부입니다. 아 씨발 나는 좆도 아니다 ……
이런 아주 비근한 의식 속에서 나는 향후 50평생을 살아왔습니다. 그
래서 이승만에 대한 역사평론을 한 것을 가지고 고소를 당하고 경찰
서에 불려가는 신세가 되었습니다. 그래도 나의 오도송은 여전합니
다. 나는 좆도 아니다! 그래서 아무 이유 없이 피 흘린 가없는 중생
들, 좆도 아니라고 무시당한 수없는 이 민족의 원혼들을 달랠 수가
있다면 "좆도 아닌 내가" 얼마나 자랑스러운 것입니까?

般若波羅蜜多心經

반야바라밀다심경

般若波羅蜜多心經

반 야 바 라 밀 다 심 경

觀自在菩薩行深般若波羅蜜多時照
관 자 재 보 살 행 심 반 야 바 라 밀 다 시 조

見五蘊皆空度一切苦厄舍利子色不
견 오 온 개 공 도 일 체 고 액 사 리 자 색 불

異空空不異色色即是空空即是色受
이 공 공 불 이 색 색 즉 시 공 공 즉 시 색 수

想行識亦復如是舍利子是諸法空相
상 행 식 역 부 여 시 사 리 자 시 제 법 공 상

不生不滅不垢不淨不增不減是故空
불 생 불 멸 불 구 부 정 부 증 불 감 시 고 공

中無色无受想行識無眼耳鼻舌身意
중 무 색 무 수 상 행 식 무 안 이 비 설 신 의

无色聲香味觸法无眼界乃至無意識
무 색 성 향 미 촉 법 무 안 계 내 지 무 의 식

界无無明亦无無明盡乃至无老死亦
계 무 무 명 역 무 무 명 진 내 지 무 노 사 역

無老死盡無苦集滅道無智亦无得以
무 노 사 진 무 고 집 멸 도 무 지 역 무 득 이

無所得故菩提薩埵依般若波羅蜜多
무 소 득 고 보 리 살 타 의 반 야 바 라 밀 다

故心無罣㝵无罣㝵故無有恐怖遠離
고 심 무 가 애 무 가 애 고 무 유 공 포 원 리

顚倒夢想究竟涅槃三世諸佛依般若
전 도 몽 상 구 경 열 반 삼 세 제 불 의 반 야

波羅蜜多故得阿耨多羅三藐三菩提
바 라 밀 다 고 득 아 뇩 다 라 삼 먁 삼 보 리

故知般若波羅蜜多是大神呪是大明
고 지 반 야 바 라 밀 다 시 대 신 주 시 대 명

呪是無上呪是无等等呪能除一切苦
주 시 무 상 주 시 무 등 등 주 능 제 일 체 고

眞實不虛故說般若波羅蜜多呪卽說
진 실 불 허 고 설 반 야 바 라 밀 다 주 즉 설

呪曰揭帝揭帝般羅揭帝般羅僧揭帝
주 왈 아 제 아 제 바 라 아 제 바 라 승 아 제

菩提僧莎訶
보 리 사 바 하

〈삼장법사 현장 역, 해인사 고려대장경판, 1238년〉

4장 『반야
바라밀다
심경』
주해

제1강 관자재보살에서 도일체고액까지

觀自在菩薩, 行深般若波羅蜜多時, 照見
관 자 재 보 살 행 심 반 야 바 라 밀 다 시   조 견

五蘊皆空, 度一切苦厄。
오 온 개 공 도 일 체 고 액

**관자재보살께서 심원한 반야의 완성을 실천하실 때에 오온이 다
공이라는 것을 비추어 깨달으시고, 일체의 고액을 뛰어넘으셨다.**

관세음보살과 사리불

『반야심경』의 첫머리는 "관자재보살"로써 시작하고 있습니다. 이
것은 무엇을 의미하는 것일까요? 『반야심경』 전체의 주어가 관세음
보살이라는 뜻입니다. 부처님이 설한 설법의 내용이 아니라는 뜻이죠.

부처님의 말씀이 아닌 후대에 등장한 보살의 말씀으로 지고의 경전이 성립했다? 이것이 바로 대승경전의 특징입니다. 더군다나 관세음보살이 법을 설한 대상이 누군지 아십니까? 바로 사리불이죠! 사리자가 누구입니까? 사리자는 바라문 계급의 출신으로서 왕사성 부근의 우파팃사Upatissa라는 마을에서 태어났습니다. 목건련과 함께 부처님께 귀의한 얘기는 유명하지요. 하여튼 그는 지혜가 뛰어나 부처님을 대신하여 설법을 할 수 있을 정도로 신임이 두터운 인물이었죠. 부처님의 실자實子인 라훌라의 후견인 노릇도 했습니다. 지혜제일의 제자로서 불10대제자 중 한 사람이지요.

그러니까 성문聲聞 중의 성문이지요. 그런데 그러한 지혜제일의 사리자가 『심경』에서는 마치 어린 행자처럼 관세음보살로부터 지혜에 관한 말씀을 듣고 있습니다. 보살이 성문을 가르친다! 이것이 바로 대승의 정신이지요. 해인사 성철 방장이 올라가는 연화대 위에 평범한 재가신도 여성이 올라앉아 해인사강원 비구대중들에게 설법한다! 실제로 1·2세기 인도 차이띠야에서는 이런 광경이 보통 있는 광경이었습니다.

『금강경』의 형식과 『심경』의 형식

그러나 『금강경』만 해도 주인공은 어디까지나 부처님입니다. 부처님이 기수급고독원에서 비구들 천이백오십 명과 함께 있을 때 장로수보리(사위성의 기원정사를 기진寄進한 대부호 수달須達의 조카. 무쟁론주자無諍論住者제일. 공양제일)가 오른쪽 어깨를 드러내고 땅에 엎드려 질문합니다. 그리고 부처님께서 직접 말합니다: "뭇 보살과 마하살들이 반드시 이와 같이 그 마음을 항복 받을지어다 ……"

그러니까 주제는 "보살"의 문제일지라도 형식은 고경古經의 관례를 따른 것이죠. 그러니까 『심경』이 『금강경』보다는 훨씬 후대에 성립한, 더 래디칼한 대승정신을 나타낸 경전이라는 것을 알 수 있습니다.

그러나 대품에 보면, 실은 『반야심경』조차도 부처님과 사리불 Śāriputra 사이에서 일어난 교감으로 시작하고 있습니다. 왕사성의 영취산에서 비구의 대승단과 보살의 대승단과 같이 세존께서 체재하고 계실 때, 사리자가 반야바라밀다에 관해 세존께 여쭙고자 했었습니다. 그런데 세존은 그때 "심원한 깨달음"의 삼매에 들어가 있었습니다. 그러니까 사리불에게 얘기할 상태가 아니었던 것이죠. 붓다의 삼매경을 깰 수도 없는 노릇, 그때 관세음보살이 대타로 등장하여 사리자에게 지혜의 완성(반야바라밀다)에 관해 이야기하게 되는 것입니다.

관세음보살은 중성이지만 여성적 이미지가 강하다

"관세음보살"은 그 여성적 이미지와 함께 우리 주변에 그 모습이 널려져 있기 때문에 자세한 설명은 피하겠습니다. 석굴암의 벽면에 릴리프로 새겨진 관세음보살의 모습은 실로 아름답기 그지없지요(나의 책, 『달라이라마와 도올의 만남』 제3권 pp.606~7을 볼 것).

관세음보살은 대승불교와 더불어 태어난 캐릭터이며 AD 1세기 이전에는 존재하지 않았습니다. 관세음보살상이 최초로 만들어진 것은 쿠샨왕조시대(1세기 중엽에서 3세기 중엽까지) 간다라지방에서였습니다. 불타 본존과 양협시로 관세음보살과 미륵보살이 같이 조각된 것도 있고, 관세음보살만 독자적으로 조각한 입상立像도 많습니다. 이 관세음보살은 철저히 대승운동의 "하화중생下化衆生"의 정신하에서 탄생된 것입니다. 자비와 구제의 심볼로서 태어난 것이죠.

관자재, 관세음의 뜻

원래의 이름은 "Avalokiteśvara"인데 이것은 "보는 것, 관찰하는 것avalokita이 자유자재롭다iśvara"는 뜻이니까, 사실 "관자재보살"이라는 현장의 번역이 원의에 충실한 번역입니다. 그러나 라집은 "관세음보살觀世音菩薩"이라는 번역을 선호했습니다. 『묘법연화경』을 번역할 때도 라집은 "관세음"과 더불어 "관음觀音"이라는 역어를 썼습니다. 관세음보살과 관자재보살은 완전히 같은 말입니다. 관자재보살은 원어에 충실한 번역이지만 우리 민중은 라집의 "관세음보살"이라는 표현을 사랑했습니다.

문자 그대로 직역하면 "소리를 본다"가 되어 좀 이상하지만 인도인에게 "본다"는 것은 "심안"의 감지, 통찰을 의미하기도 하고, 또 주석가들에 의하면 "관세음"의 "관"은 "본다"보다도 "보여준다"의 의미가 강하다고 합니다. 세상의 고통스러운 소리들, 그 현실을 우리에게 잘 보여주는 보살! 그래서 11면의 얼굴을 지닌(온갖 소리를 동시에 들어야 하니까) 보살이 바로 관세음보살이지요. 나는 "관세음보살"을 생각하면, 고발뉴스 이상호 군이 생각나요. 이상호 군이야말로 우리 시대의 관세음보살이 아닐까, 그렇게 생각합니다. 나도 기자생활을 오래 해보았지만 기자들은 우선 특권의식에 사로잡히기 쉽습니다. 그리고 자신은 언론이라는 강고한 벽 속에 있어 다치지 않는 존재,

그래서 타인에게 위압적일 수 있는 존재라고 생각하기도 하지요.

관세음보살과 기자 이상호

사실을 전한다는 사명감을 가진 기자는 많아도, 이상호처럼 세상의 아픈 소리를 들어야만 기자의 자격이 있다고 생각하는 사람은 많지 않습니다. 숨겨진 소리, 보통사람들에게 가려져서 안 들리는 소리, 그 소리를 항상 찾아나섭니다. 기자는 모름지기 이 시대의 아픔을 대변해야 한다는 사명감 아래 그토록 용감하게 자신을 현장에 던지고 사는 기자는 많지 않습니다. 세월호 속에 사라진 슬픈 소리도 이상호의 대변이 아니었더라면 이토록 널리 퍼지지 않았을 것입니다. 이상호는 그러한 삶의 자세 때문에 본인이 항상 아픕니다. 고통스러운 소리를 들으면 같이 고통스럽기 때문이죠. 그러한 이상호를 박해하고 그의 소리가 들리지 않도록 만들고 싶어하는 사람들이 많아요. 나 자신이 고소를 당하고 보니 그가 수없이 고소를 당하면서 얼마나 깊은 시련을 겪었을까 하는 것을 생각하면 눈물이 납니다. 이제야 나도 철이 드는 거죠.

관세음보살은 바로 너다

존경스러운 불교학자 카마타 시게오鎌田茂雄, 1927~2001(동경대학에서 화엄학을 전공하고 동경대학 교수가 되어 많은 학생들을 지도했습니다. 그는 한국불교에도 깊은 관심을 보였죠.『조선불교사朝鮮佛敎史』등의 저술이 있습니다)는 『반야심경』을 강론하면서 이와 같이 말했습니다: "관세음보살이 뭐 별것이겠냐, 바로 너 자신이다! 네가 스스로 관세음보살이 되지 않으면 이 경전은 이해하지 못하는 것이지. 이 세상의 아픔을 절감할 수 있을 때 비로소 『반야심경』의 소리는 들리기 시작하는 거다!"

주어는 관자재보살이고 동사는 "행行"입니다. 행은 "실천한다" 정도의 뜻일 것입니다. "심深"은 심오하다는 뜻으로 "반야바라밀다"를 수식합니다. 그러면 이런 뜻이 되겠지요.

관자재보살이 심오한 지혜의 완성을 실천할 때에

觀自在菩薩, 行深般若波羅蜜多時,
관 자 재 보 살　행 심 반 야 바 라 밀 다 시

여기 "때에"라는 것은 결코 특정한 시점을 나타내는 말은 아닐 것입니다. 왜냐하면 관자재보살은 통시간적 존재이기 때문입니다(나는 "초시간적"이라는 말은 쓰지 않겠습니다. 대승불교는 시간 속의, 역사 속의 불교이기 때문이죠). 모든 때에 걸쳐서 관세음보살은 심반야바라밀다를 행行하고 있는 것입니다. 따라서 그의 깨달음의 내용은 일시적 명제가 아니라 보편적 명제가 될 수밖에 없습니다. 시제의 구속이 없습니다.

조견, 도, 일체고액

다음 "조견照見"이라는 말도 "비추어 안다" "총체적인 우주의 통찰, 즉 전관全觀에 도달한다"는 뜻이지요. 무엇을 조견하는가? 조견의 내용 역시 우주론적 통찰입니다. 오온五蘊이 모두 공空하다는 것을 통찰한다는 뜻이지요. 그렇게 되면 일체의 고액苦厄(고와 액, 고통과 재액)을 극복하게 된다. "도일체고액度一切苦厄"이라는 문구는 어느 산스크리트어 원본에도 없습니다. 그러나 현장의 역문에는 처음부터 있었습니다. 그러니까 현장이 한어의 문맥에 따라 첨가한 것일 수도 있습니다. "도度"는 일체고액을 넘어간다, 그러니까 극복한다는 뜻이지요. 그러나 거꾸로 현장이 본 산스크리트 원본에는 이 구절이 있었다고 말할 수도 있습니다. 현존하는 산스크리트본이 모두 후대의 것이기 때문입니다.

오온이란

『심경』을 이해하기 위하여 가장 먼저 알아야 할 테크니칼 텀technical term이 바로 "오온"이라는 것입니다. "빤차 스칸다pañca-skandha"를 말하는데 "다섯 가지의 집적태"라는 뜻입니다. 한자의 "온蘊"도 "쌓였다," "축적되었다," "모여 이루어진다" 등등의 뜻이 있습니다. 라집이 이것을 "오음五陰"이라 번역했는데 좋지 않은 번역이죠. 물론 "음陰"도 "온蘊"의 뜻으로 썼을 것입니다. 우리는 "온축蘊蓄"이니, "온결蘊結"이니, "온합蘊合"이니 하는 말을 쓰지요.

오온五蘊이란 이 다섯 가지 집적태로써 우주의 일체 존재가 구성되어 있다고 보는 우주관을 나타냅니다. 초기불교의 핵심이론이지요: 1) 색色 2) 수受 3) 상想 4) 행行 5) 식識.

이 중에서 색色rūpa은 물질적 요소를 총칭합니다. 공간을 점유하는 연장태, 그 모든 것을 가리키지요. 지수화풍地水火風의 4요소로 구성된 우리의 육체도 루빠입니다. 한문상으로도 좋은 번역이지요. 색깔이 있는 것은 곧 빛을 반사하는 물체이므로 색色이 곧 물질matter을 대변한 것입니다.

5온 중에서 색온을 제거하면 나머지 4온은 모두 정신적인 것이지요. 수온受蘊vedanā이라는 것은 눈으로 색을 본다든가, 귀로 소리를 들

는다든가 하는 감각기관의 감각작용(perception)을 의미합니다. 상온
想蘊saṃjñā은 보통 "표상작용representation"이라 번역하는데, 역시 한
문의 뜻대로 "생각한다"로 해석하면 족합니다. 보고들은 것을 가지고
생각한다는 뜻이지요. 행온行蘊은 "saṃskāra"의 번역인데 "saṃ"은
"~을 가지고"의 뜻이고 "kāra"는 작위作爲의 뜻이 있습니다. 행한다는
뜻이지요. 의지적으로 동작을 한다는 뜻입니다. 그래서 의지작용(volition)
이라 말하기도 하지요. 식온識蘊vijñāna은 "vi(분별하여)+jña(안다)"는
뜻인데 판단력을 갖춘 우리의 의식작용을 말합니다.

오온五蘊 pañca-skandha	물질세계 material world	색色 rūpa	물질 matter
	의식작용 mental function	수受 vedanā	감수작용 perception
		상想 saṃjñā	표상작용 representation
		행行 saṃskāra	의지작용 volition
		식識 vijñāna	인식작용 consciousness

식까지의 진화

사실 매우 어렵게 해설이 되어 있지만 실상 알고 보면 한자의 뜻
그대로 생각하는 것이 제일 간단하지요. 수受는 감각작용입니다. 느
끼는 것이지요. 상想은 느낀 것을 조합하여 생각하는 것이죠. 행行은
생각한 것을 소재로 해서 행동으로 옮기는 것입니다. 그리고 마지막

으로 행行이 축적되면서 판단력과 기억력을 갖춘 우리의 의식識의 장이 형성되는 것이지요. 그러니까 색 → 수 → 상 → 행 → 식은 저차원의 물질이 고차원의 의식에까지 진화되는 조합과정을 나타내는 것입니다(여기서 말하는 "조합formative process"은 화이트헤드의 철학에서는 "Prehension," "Concrescence" 등의 말에 해당). 그런데 이 모든 단계는 독립적인 것이 아닙니다. 그리고 그것은 조합현상이므로 그 자체로 독자적인 아이덴티티(실체성)를 갖지 않습니다. 그것은 단지 "과정" (Process)일 뿐이지요.

제2강 사리자에서 역부여시까지

舍利子! 色不異空, 空不異色; 色卽是空,
사 리 자   색 불 이 공   공 불 이 색   색 즉 시 공

空卽是色; 受想行識, 亦復如是。
공 즉 시 색   수 상 행 식   역 부 여 시

사리자여! 오온개공이라는 말이 과연 무엇이겠느냐? 색이 공에 다르지 않고, 공이 색에 다르지 않으니, 색이 곧 공이요, 공이 곧 색이다. 나머지 수·상·행·식도 이와 같다는 뜻이다.

관자재보살이 오온개공을 상설한다

심반야바라밀다를 행한 관자재보살은 오온이 개공이라는 우주적 통찰을 얻었습니다. 그리하여 일체의 고액(고액에 관하여서도 팔고八苦니, 사액四厄이니 썰說을 펴나 다 부질없는 구라일 뿐. "괴로움" "무명 속의 유전"으로 족하다)을 뛰어넘었습니다. 그리고 부처님의 성문 중에서도 "지혜

제일"이라는 사리자(=사리불Śāriputra. "뿌뜨라"는 "아들"의 뜻, 엄마 이름
이 샤리이고 그 아들이라는 뜻이다)를 골라, 사리자에게 "오온개공"의 이
치를 설파합니다. 사리자를 특칭했다고는 하지만 지금 현장에는 사
리자 혼자 듣는 것이 아니지요. 그 뒤에는 장대한 사부대중이 꽉 차
있습니다. 그러니까 이것은 "사리자"를 선택하여 골라 이야기한 것
처럼 보이지만 실상인즉 바로 "나"에게 이야기하고 있는 것이지요.
『반야심경』을 읽는 모든 이들에게, 그 실존의 자아에게 관음은 이야
기하고 있는 것입니다.

> *사리자여! 내가 깨달은 바를 설하겠노라! 자세히 들어라!*
> *"오온개공"이란 무엇인가?*
> *색이 공에 다르지 않고, 공이 색에 다르지 않다. 그러니 색이*
> *곧 공이요, 공이 곧 색이다. 수상행식 또한 이와 같다.*

여기 많은 사람들이 "수상행식, 역부여시"의 뜻을 정확히 새기지
않습니다. "역부여시亦復如是"는 오온 중에서 색의 사례만을 전항全行
으로 뽑아놓고 그에 준하여 나머지는 인수분해 해버린 것입니다. 그
러니까 그 메시지의 전체의 모습을 드러내면 오른쪽 표와 같습니다.

『반야심경』은『대반야경』전체를 이와 같은 방식으로 압축시킨 것
입니다. 매우 수학적이지요. 보통 독자들은 "색즉시공, 공즉시색"은 잘
알아요. 그런데 그것보다도 오히려 더 중요한 "수즉시공, 공즉시수,"
"상즉시공, 공즉시상," "행즉시공, 공즉시행," "식즉시공, 공즉시식"을
유실해버리고 마는 것이지요. 색色도 공이요, 수受도 공이요, 상想도

공이요, 행行도 공이요, 식識도 공이다.

제 1 항	색불이공, 공불이색; 색즉시공, 공즉시색。 色不異空　空不異色　色即是空　空即是色			
역부여시 亦復如是	수불이공, 공불이수; 수즉시공, 공즉시수。 受不異空　空不異受　受即是空　空即是受			
	상불이공, 공불이상; 상즉시공, 공즉시상。 想不異空　空不異想　想即是空　空即是想			
	행불이공, 공불이행; 행즉시공, 공즉시행。 行不異空　空不異行　行即是空　空即是行			
	식불이공, 공불이식; 식즉시공, 공즉시식。 識不異空　空不異識　識即是空　空即是識			

오온의 가합인 나는 결국 공이다

나我Ego는 색·수·상·행·식 이 다섯 가지 오온五蘊(다섯 가지 집적태)의 가합假合(일시적 조합)입니다. 그런데 가합의 요소인 색·수·상·행·식 하나하나가 또다시 공입니다. 리얼하지 않은 것이지요.

내가 지금 이 글을 쓰고 있는 라미RAMI만년필도 실은 존재하지 않는 것입니다. 이것 자체가 영속할 수 없는 가합입니다. 튜브에 들어있는 잉크만 말라도 만년필은 제 기능을 못합니다. 펜촉은 순간순간 닳아 없어지고 있어요. 이 글을 쓰고 있는 200자 원고용지도 몇 년이면 바스러집니다. 이 만년필을 쓰고 있는 내 손도 1·20년 후면 쓸 수 없게 될지도 모릅니다. 그리고 이것을 쓸 수 있게 만드는 나의 팔이 아닌 나의 식識識도 곧 고혼孤魂이 되어 태허太虛로 흩어져버릴 것입니다.
도대체 아我가 어디에 있습니까?

아我 ‖ 오온의 가합	색色 = 공空	오온개공 五蘊皆空	나我는 공空이다
	수受 = 공空		
	상想 = 공空		
	행行 = 공空		
	식識 = 공空		

공의 세계가 영성계라구? 개똥이다!

시중에 나와있는 책들을 보면 "색즉시공, 공즉시색"을 해석하여
색의 물질세계에 반하여 공의 세계는 영성계靈性界라고 하는 다양한
구라가 많아요. 이런 개똥같은 담론이 또 어디에 있습니까! 그것은
또다시 공空을 실체화 하고, 불교의 근원을 왜곡하여 얄팍한 장사를
해먹으려는 수작일 뿐이지요. 다시 말해서 공空을 빙자하여 예수쟁
이들 구미에 맞는 불교를 만듦으로써 새로운 영성을 운운하는 것이
지요. 그런데 더더욱 한심한 일은 적지않은 스님들이 이런 엉터리 담
론에 귀가 여리다는 것이지요.

싯달타의 깨달음은 연기 하나!

싯달타가 보리수 밑에서 깨달은 것은 "연기" 하나입니다. 연기라는 것은 이 우주의 모든 사태event, occasion는 그것을 가능케 하는 무수한 원인이 있다는 것입니다. 그러한 관계망 속에서만 이벤트, 해프닝 (=가합假合)이 존재할 수 있다는 것입니다. 우리가 흔히 말하는 인연因緣이라는 것도 인因은 주원인이고, 연緣은 그 주변에 묻어있는 수없는 보조원인을 말하는 것입니다. 이러한 인연이 사라지면 존재(사태)는 소리 없이 사라지고 맙니다. 그것이 공空입니다. 공은 철저히 공일 뿐이지요. 이러한 우주론적 의미를 파악하기는 쉽지 않아요. 그래서 나의 오도송은 이러한 명제를 외쳤던 것입니다.

나는 좆도 아니다.

이것은 "나는 공空이다"라는 우주론적 명제를 일상적 윤리명제로 바꾸어 표현한 것입니다. 막말로 나는 좆도 아니라는 것이지요. 좆이나 된 것처럼 폼 잡고 살지 말자는 것이지요. 나는 아버지 덕분에 물질적 풍요 속에서 자라났습니다. 부족한 것을 몰랐던 것입니다. 그리고 어머니의 성격을 닮아 매사에 꼼꼼하고 철두철미했습니다. 내가 스무 살 전후에 이 『반야심경』을 접하지 않았더라면 나는 매우 자신 있고 오만하고 융통성 없는 인간이 되었을 것입니다.

그런데 『심경』을 만나, 관세음보살의 가르침을 얻어 "나는 좆도 아니다"라는 공의 진리를 터득하여 그나마 이만큼이라도 사회를 생각하고, 타인의 고액을 동감하고, 진리에 대하여 개방적 자세를 유지하고, 자기를 내세우지 않고 묵묵히 공부하고 끊임없이 배우는 삶을 살 수 있었습니다. 누구든지 "나는 좆도 아니다"라는 진리를 터득하기만 한다면 한 인간으로서의 무한한 가능성을 쉽게 발현할 수 있으리라고 확신합니다. 이 책을 읽는 사람 중에서 미래의 대통령이 나온다면, 그는 반드시 "나는 좆도 아니다"라는 생각 속에서 과감하게 혁명적인 진리를 이 사회, 이 민족에게 펼쳐야 할 것입니다. 자기를 버리면 무서울 것이 없지요.

제3강 사리자에서 부증불감까지

舍利子! 是諸法空相, 不生不滅, 不垢不淨,
사 리 자　시 제 법 공 상　불 생 불 멸　불 구 부 정

不增不減。
부 증 불 감

사리자여! 지금 내가 깨달은 세계, 반야의 완성을 통해 조견한 세계, 제법이 공한 이 모습의 세계는 생함도 없고 멸함도 없고, 더러움도 없고 깨끗함도 없으며, 늘어남도 없고 줄어듦도 없다.

『심경』의 육불은 『중론』의 팔불중도가 아니다

여기 "제법諸法"이라 하는 것은 "모든 다르마dharma"를 가리키는 것입니다. 앞서 이야기한 바대로 여기 법이라 하는 것은 무슨 거대한 도를 말하는 것이 아니고, 존재하는 모든 것, 즉 사건, 이벤트, 사태를 가리키는 것입니다. 모든 사건Event이 공상空相(공의 모습)인 세계에서는 생멸生滅이 없으며, 구정垢淨이 없으며, 증감增減도 없다. 이

공상空相의 세계, 반야바라밀다를 깨달아 조견한 코스모스는 생하지도 않고 멸하지도 않는다, 더럽지도 않고 깨끗하지도 않다, 늘어나지도 않고 줄어들지도 않는다. 여기에 세 종류의 아니 불不 대구가 나열되어 있는데, 상대되는 개념에 아니 불不을 붙여 논의를 전개하는 방식은 인도인에게 고유한 것입니다. 우파니샤드에도 이런 식의 용례가 많이 있고, 또 용수, 무착無着(Asaṅga, AD 310~390년경. 미륵-무착-세친을 유식학파의 3대 논사라고 한다. 무착은 세친의 형이다)의 논의에도 나옵니다. 특히『반야심경』의 이 육불六不을 곧바로 용수의『중론』의 첫머리「관인연품觀因緣品」에 나오는 "팔불중도八不中道"와 직결시켜 논의하는 무책임한 언설들이 많습니다(불생역불멸不生亦不滅, 불상역부단不常亦不斷, 불일역불이不一亦不異, 불래역불출不來亦不出). 그러나『중론』은『중론』일 뿐이고,『심경』은『심경』일 뿐입니다.『심경』의 문자에다가 용수의 논리의 틀을 덮어씌우는 것도 천박한 오류에 불과합니다.

용수의 논의는 분명 "neither — nor —"라는 짝을 의식한 것입니다. 다시 말해서 중도라고 하는 원시불교의 중의 논리를 정당화하기 위하여 논리를 펼치고 있는 것입니다 그러나『심경』은 그 논의의 출발이 근본적으로 다릅니다. "불생불멸不生不滅"이라는 것은 생하지 않고 멸하지 않으므로 그 중간의 양면을 포섭하는 중도를 조견하자는 얘기가 아닙니다. 그냥 "생하지 않는다" "멸하지 않는다"는 것은 짝이긴 하지만 그 나름대로 절대적인 독립명제입니다. 그러기 때문에『심경』의 육불六不은 기존의 기타 어느 곳에서도 동일한 용례를 찾을 수 없습니다.『심경』의 육불은 유니크한 것이죠.

생하지도 않고, 멸하지도 않고,

더럽지도 않고, 깨끗하지도 않고,

늘어나지도 않고, 줄어들지도 않는다

『심경』은 진공묘유를 말하려는 것이 아니다

이 6개의 명제는 모두 그 나름대로 긍정되어야만 하는 절대명제들입니다. 여기에 "중도"를 운운하고, "진공묘유眞空妙有"를 운운하면서 경지가 높은 체하고, "공空－가假－중中"의 천태天台 논의를 과시한다면, 그것은 『심경』의 논의를 천년 전에 빚어놓은 반야주로 만드는 것이 아니라 아무도 거들떠보지 않는 김 빠진 맥주로 만들어놓는 것입니다. 나는 광덕사 변소깐에서 『심경』을 그렇게 읽었습니다. 아~ 나는 탄생하지도 않았구나! 아~ 나는 멸하지도 않았구나! 엄마·아버지의 염색체조합으로 내가 태어났나? 나는 죽어 스러지지도 않을 것인가? "불생불멸"을 이러한 수수께끼 그 자체로 해석하지 않는 한 『심경』은 바르게 읽히지 않습니다.

제4강 시고공중무색에서 무의식계까지

是故空中無色, 無受想行識, 無眼耳鼻舌
시 고 공 중 무 색　　무 수 상 행 식　　무 안 이 비 설

身意, 無色聲香味觸法, 無眼界乃至無意
신 의　　무 색 성 향 미 촉 법　　무 안 계 내 지 무 의

識界。
식 계

그러므로 공의 모습 속에는 색도 없고, 수도 없고, 상도 없고, 행도 없고, 식도 없다. 따라서 안·이·비·설·신·의도 없고, 색·성·향·미·촉·법도 없고, 또한 안식계에서 의식계에 이르는 모든 식계도 없다.

18계의 이해

이제 공 속에는 색·수·상·행·식이 모두 다 없다라는 말은 쉽게 이해하시겠지요. 이제 "18계十八界"라는 말을 정확히 이해하셔야 할 것 같습니다. 18계이론은 싯달타 본인이 설한 법문으로서 아함에 기록되어 있습니다. 싯달타의 12연기 속에도 육입六入의 항목이 있습니다. 그러나 싯달타는 이러한 논의를 인식론적 체계로서 설법한 것 같지는 않아요. 부파불교시대 때부터 인식론적 다르마의 논의가 강화되면서 체계화 되었고, 후대의 유식론에서 그것이 매우 심오하게 발전되었습니다. 그러나 여기서는 마나식이나 아라야식과 같은 문제는 다루고 있질 않으므로 유식론과 정면으로 대결했다고 볼 수도 없습니다. 불교인식론의 기본개념으로서 18계이론을 제너럴하게 이해하시면 족할 것 같습니다.

불교인식론과 서양근세철학 인식론은 같은 계통

우선 서양근대인식론, 서양철학이 그토록 자랑하는 근세철학의 바탕인 인식론epistemology도 5관Five Senses의 분석으로부터 시작합니다. 다시 말해서 감각기관과 감각기관이 인지하는 세계를 논의하지요. 감각기관을 보통 주관主觀Subject이라 하고 감각의 대상세계를 보통 객관客觀Object이라고 하는 것은 여러분들이 잘 아시겠지요. 불교는 주관을 육근六根이라 부르고 객관을 육경六境이라 부릅니다. 육근과 육경 사이에서 성립하는 것을 식識이라 부르고, 육근, 육경에 대하여 육식六識이라고 부릅니다. 이것은 감관에 따라 각기 식識이 성립한다고 보기 때문에 육식六識이라는 말이 생겨난 것입니다. 이 세 그룹을 다 합쳐서 부르는 말이 십팔계十八界(6×3=18)입니다.

작 용	십팔계 十八界 aṣṭādaśa dhātavaḥ		
	육근六根	육식六識	육경六境
1 본다	안眼	안식眼識	색色
2 듣는다	이耳	이식耳識	성聲
3 냄새맡는다	비鼻	비식鼻識	향香
4 맛본다	설舌	설식舌識	미味
5 만진다	신身	신식身識	촉觸
6 안다	의意	의식意識	법法
Sensation	Subject	Consciousness Fields	Object

1에서 6까지의 과정은 감관의 기나긴 진화를 나타내고 있습니다. "본다"는 것은 가장 직접적이고 원초적인 감각행위이며 또 가장 포괄적인 것입니다. 그러나 그것은 또 가장 기만적인 것입니다. 본다 → 듣는다 → 냄새맡는다 → 맛본다 → 만진다 → 안다는 감각에 대한 어떤 가치서열이 들어있습니다. 우리가 보통 "의식意識"이라고 하는 것은 의意의 식識인데, 여기의 인식론적 틀 속에서는 안식·이식·

비식·설식·신식과 함께 병치되어 있는 한 항목입니다. 눈이 보는 작용은 역시 색色을 대상으로 하지 성聲을 대상으로 하지 않습니다. 그러니까 눈의 의식은 안식이라고 부르게 되는 것이죠. 지금 우리 현대어에서는 "의식"을 포괄적인 의미로 쓰고 있지만 불교에서는 그것을 식의 한 단계로서 특정화시켜 놓고 있습니다.

18계가 다 사라진다

오온에도 식이 들어있습니다. 이미 오온이 다 공쫀이라는 것이 드러났는데 우리가 인식하는 세계, 그 인식방법의 모든 요소와 단계가 다 공으로 돌아갑니다. 그래서 말합니다. 눈도 없고, 귀도 없고, 코도 없고, 혀도 없고, 몸도 없고, 뜻도 없다. 그러니 그 감각기관들이 대상으로 하는 밖의 육외처六外處(=육경六境)인들 있을소냐! 색도 없고, 소리도 없고, 냄새도 없고, 맛도 없고, 만짐도 없고, 사건도 없다. 뿐만이랴! 육근六根(=육내처六內處)과 육경 사이에서 성립하는 인식의 필드識界도 없다. 안식계로부터 의식계에 이르는 여섯 단계의 식계가 다 없다! 여기 "내지"는 "역부여시"와 똑같은 축약기술입니다.

제5강 무무명에서 무고집멸도까지

無無明亦無無明盡, 乃至無老死, 亦無老
무 무 명 역 무 무 명 진   내 지 무 노 사   역 무 노

死盡。無苦集滅道。
사 진   무 고 집 멸 도

뿐만이랴! 싯달타께서 깨달으셨다고 하는 12연기의 무명도

없고 또한 무명이 사라진다고 하는 것도 없다. 이렇게 12연기의 부정은 노사의 현실에까지 다다른다. 그러니 노사도 없고 노사가 사라진다는 것도 없다. 그러니 이러한 12연기를 요약적으로 표현한 고·집·멸·도 또한 없는 것이다.

12지연기와 4성제의 부정

뿐만이겠습니까? 이 우주가 다 사라졌는데, 인식의 뿌리도 대상도 그 사이에서 성립하는 의식의 필드도 다 사라졌는데 무엇이 남아있겠습니까? 지금부터 말하려는 이 단의 내용이야말로 진실로 소승의 아라한이라면 너무도 공포스러운 보살가나의 혁명적 외침이지요. 싯달타는 싯달타가 아니다. 그는 부처도 아니었다. 그가 생전에 깨닫고 설했다 하는 법문이 다 헛거다. 다 공이다! 보리수 밑에서 12지연기를 깨우쳤다고? 그것도 다 공이다! 다 헛거다!

보살반야의 세계에는 무명無明도 없고, 대단한 깨달음을 통하여 무명이 사라진다는 개구라도 없다! 이렇게 해서 12지연기의 모든 항목 (지支)이 없다. 그리고 그 항목이 환멸연기에 의하여 사라진다는 것도 없다. 늙어 뒈진다는 것도 없고, 늙어 뒈진다는 것이 사라진다는 개구라도 없다. 여기에 또다시 나온 "내지乃至"를 자세히 해설하면 옆의 표와 같이 되겠지요.

그러니 그가 초전법륜에서 설파했다 하는 불교의 최기본원리인 고·집·멸·도도 있을 수 없습니다. 일체개고라는 것도 없고, 그 고가 원인이 있다는 것도 없고, 그것을 또 멸해서 해탈할 수 있다는 것도

12연기의 항목(팔리어)		『심경』의 부정의 논리	
1	avijjā 무명	무무명無無明	역무무명진亦無無明盡
2	saṅkhāra 행	무행無行	역무행진亦無行盡
3	viññāṇa 식	무식無識	역무식진亦無識盡
4	nāma-rūpa 명색	무명색無名色	역무명색진亦無名色盡
5	saḷāyatana 육입	무육입無六入	역무육입진亦無六入盡
6	phassa 촉	무촉無觸	역무촉진亦無觸盡
7	vedanā 수	무수無受	역무수진亦無受盡
8	taṇhā 애	무애無愛	역무애진亦無愛盡
9	upādāna 취	무취無取	역무취진亦無取盡
10	bhava 유	무유無有	역무유진亦無有盡
11	jāti 생	무생無生	역무생진亦無生盡
12	jarā-maraṇa 노사	무노사無老死	역무노사진亦無老死盡

없고, 해탈할 수 있는, 열반에 갈 수 있는 8가지 정도正道가 있다는 것도 없다. 사성제가 다 개구라다! 다 헛거다! 다 공이다!

싯달타가 보리수 밑에서 증득했다고 하는 것은 12연기인데 그것은 노병사의 현실로부터 그 고뇌의 원인을 파고들어간 것입니다. 그리하여 그 궁극적 원인을 찾아내고, 그 원인의 단멸에 의하여 인간의 고뇌를 멸할 수 있는 12조건을 계열화 한 것입니다.

1) 무명無明 2) 행行 3) 식識 4) 명색名色 5) 육입六入 6) 촉觸
7) 수受 8) 애愛 9) 취取 10) 유有 11) 생生 12) 노사老死

무명이 행을 생하고, 행이 식을 생하고, 식이 명색을 생하고 …… 이런 식으로 긍정적인 생성의 인과가 펼쳐지는 것을 유전연기流轉緣起라고 합니다. 무명이 멸하면 행이 멸하고, 행이 멸하면 식이 멸하고, 식이 멸하면 명색이 멸하고, …… 이런 식으로 부정적인 소멸의 인과가 이어지는 것을 환멸연기還滅緣起라고 합니다. 유전연기는 고뇌의 생성이고 환멸연기는 열반의 과정이겠지요. 그런데 유전연기도 환멸연기도 다 개구라라는 것이죠. 오온이 없어졌는데 18계가 다 사라졌는데 무슨 12연기가 있겠습니까? 따라서 유전연기와 환멸연기를 압축해서 표현한 고·집·멸·도의 사성제도 사라지는 것이죠. 그리고 아라한의 팔정도도 사라지는 것입니다.

공의 철학이 아닌 무의 철학

나는 『반야심경』을 "공空의 철학"이라고 말하고 싶지 않습니다. 『반야심경』은 철두철미한 "무無의 철학"입니다. "공이다"라는 규정성조차도 부정해버리는 철두철미한 부정의 논리지요. 그 부정은 불교 자체를 부정하는 데까지 이르고 있습니다. 불교의 주인공인 싯달타 대각자의 진제眞諦를 다 부정하는 데까지 이르렀습니다. 과연 기독교가 『신약성서』를 전면부정한 적이 있나요? 과연 예수의 역사성을 전면부정한 적이 있나요? 기독교역사가 안티크라이스트Anti-Christ(아리우스Arius, AD 256~336와 같은 사람들의 건강한 논의: 예수도 사람일 뿐)와 같은 운동을 포용해본 적이 있나요? 불교는 불교를 전면으로 부정한 지혜의 사상을 지혜의 완성(바라밀다)으로 옹립했습니다. 그리고 새로운 대승불교의 장을 열었습니다. 이것은 인류사상 그 유례를 볼 수 없는 장쾌한 사상혁명입니다.

이 단에서도 역시 "내지乃至"라는 말로써 12지연기에 모두 해당되는 기나긴 "무無-역무亦無-진盡"의 명제들을 압축시켰습니다. 명진 스님의 이름이 "명진明盡"인 것도 바로 이 『심경』에서 따온 것입니다. 원래는 "무명진無明盡"일 텐데 "명진明盡"이라 해도 아무 상관없겠지요. "무명(=무지Ignorance)이 사라지는 것이 없다" 한다면 "명(=지혜 Wisdom)이 사라지는 것도 없을" 테니깐요. "밝음이 다한다," 어떻게 해석하든 한 스님에게 붙여질 수 있는 좋은 이름이지요.

제6강 무지에서 무소득고까지

無智亦無得, 以無所得故。
무 지 역 무 득   이 무 소 득 고

앎도 없고 또한 얻음도 없다. 반야 그 자체가 무소득이기 때문이다!

총결론

이런 구절은 해석이 좀 어렵습니다. 물론 산스크리트 대응구가 있기는 하지만 현장의 번역이 매우 압축된 것이래서 주석가들은 자기 생각에 따라 다양한 해석을 내리고 있습니다. 하여튼 이러한 구절은 현장의 한역을 그대로 존중하여, 그 한자의 의미맥락대로 뜻을 새기는 것이 가장 좋은 방법일 것입니다. "무지역무득, 이무소득고"는 여태까지 전개되어온, "오온개공" 이래의 모든 기존 불교의 이론을 부정해버리는 "무無의 철학"을 완성하는 마지막 구문입니다. 그리고나서 "보리살타" 즉 보살이라는 대승의 주체가 주어로서 등장하게 되는 것이지요. 이것은 대승의 탄생, 그 자체를 의미하는 것입니다. 인류역사상 이전의 어떠한 종교와도 획을 긋는 새로운 종교운동의 탄생을 의미하는 것이지요.

우선 문법상의 문제가 있습니다. "이무소득고以無所得故"라는 구절은 앞 문장을 수식하는 것으로 볼 수도 있고, 뒷 문장에 종속되는 것으로 볼 수도 있습니다. 전자의 경우는 "지智도 없고 또한 득得도 없다. 무소득인 까닭이다"가 되겠지요. 그러나 후자의 경우는 "지도 없고 또한 득도 없다"에서 문장이 끝나고, "무소득인 까닭에 보리살타는 ……" 하고 다음 문장으로 이어질 것입니다. 그런데 다음 문장을 보면 보리살타 다음에, "의반야바라밀다고依般若波羅蜜多故"라는 까닭을 밝히는 구문이 연속되고 있습니다. 그러기 때문에 "이무소득고"는 앞으로 붙이는 것이 더 자연스럽습니다.

우주론적 명제를 윤리적 명제로

자아~ 이제 "무지역무득無智亦無得"이라는 구절을 해석해야 할 차례입니다. 많은 사람들이 이 구절을 기존의 이론적 개념에 의하여

"경지불이境智不二"(대상과 주관이 하나가 되는 경지)의 경지를 나타낸 것이니 하고 막연하게 해석하는데 나는 그런 해석에 반대합니다. "무지역무득"은 여태까지 진행되어온 반야사상의 우주론적·인식론적 측면에 대하여 최종적으로 일상론적·윤리학적 테마를 제시하는 구절이라고 나는 생각합니다. 여태까지 펼쳐온 우주론적 테마, 치열한 부정(=무無)의 의미를 다시 한 번 평이하게 해설하고 있는 것입니다.

즉 "앎도 없고 얻음도 없다!" 여기 "지智"는 반야의 지혜가 아닙니다. 그냥 "안다"는 뜻입니다. 우리사회의 가장 큰 병폐 중의 하나도 뭘 모르는 자들이 그렇게 "안다고" 떠들어대는 데 있습니다. 반야는 앎을 버림으로써만 깨닫게 되는 것입니다.

"얻음," 즉 "득得"이라 하는 것도 인간이 반야를 통해 뭘 자꾸만 "얻는다"고 생각하는 것에 대한 경계입니다. 반야을 통해서는 "얻는다"고 하는 것이 없습니다. 알아지는 것도 없고 얻어지는 것도 없다는 뜻이지요. 아마도 동방의 사람들은 노자의 이런 구절을 생각했을 것입니다: "세속적 배움을 행하면 매일 얻어지는 것 같은데, 내가 말하는 도를 행하면 매일 손해 보는 것(=잃어버리는 것) 같다."(위학일익爲學日益, 위도일손爲道日損. 『도덕경』 48장). 『논어』에도 공자말씀에 이런 말이 있어요: "사람이 늙어서 제일 경계해야 할 것은 뭘 자꾸만 얻어야 한다고 욕심 내는 것이다. 급기노야及其老也, 혈기기쇠血氣旣衰, 계지재득戒之在得." 여기 공자말씀에도 "득得"이라는 글자가 있어요. 『반야심경』을 읽을 때도 조선인들은 당연히 『논어』의 득得을 생각하지요. "앎도 없고 얻음도 없다." 이것은 반야사상이 우리에게 가르쳐주는 도덕적

명제입니다. 근본적으로 지智를 버리고 득得을 버려라! 왜냐 반야 그
자체가 "무소득無所得"이기 때문이다.

법정 스님의 무소유

여기 무소득이라는 것은 반야바라밀다의 다른 이름일 뿐입니다.
"무소득"이라는 말은 이미 법정法頂 스님께서 "무소유"라는 말로 충
분히 대중을 설득시키셨고 또 그것을 돌아가시기 전에 완전히 실천
하셨기 때문에 우리 대중의 마음에 깊이 각인되었을 것입니다. 법정
스님은 본인의 저술조차도 족적을 남기고 싶지 않다고 하시면서 모
든 판권을 회수하셨습니다. 아마도 스님의 출판된 글로서는 제『금
강경강해』의 서문으로 남은 글이 유일할지도 모르겠네요. 공수귀향
空手歸鄉을 실천하신 참 드문 분이지요. 법정 스님은 제가 생전에 많
이 만나뵈었지만 참 깊은 인격을 갖춘 분이지요. 글을 보면 매우 여
성적이지만 만나뵈면 임제와도 같은 단호함과 강인함이 있는 분이었
어요. 보조지눌의 맥을 잇기에 부끄러움이 없었습니다. 송광사 학인
들 중에서 앞으로 법정 스님을 뛰어넘는 인재들이 계속 배출되기를
기원합니다.

끝으로 산스크리트어본의 "무지역무득"에 해당되는 "나 즈냐낭 나
쁘라쁘띠흐na jñānaṃ na prāptiḥ"에 대하여 한번 생각해보아야 할 것
같습니다. "즈냐낭"은 "지혜"가 아니라 단순히 "안다"는 계열의 단어
입니다. 그러니까 소승불교가 얘기해 온 모든 이론을 안다는 것이죠.
여기 "아는 것이 없다"는 것은 기존의 모든 소승적 이론을 안다고
하는 것의 무의미성, 모든 이론의 부정을 의미하는 것입니다. 소승비

구들은 이러한 앎을 통하여 "사향사과四向四果"의 경지를 얻게 된다고 생각했습니다(나의 『금강경강해』 제9분을 볼 것. 그곳에도 계속 '득得'이라는 단어가 쓰이고 있다). 앎이 없으므로 이러한 경지의 획득도 사라집니다. 다시 말해서 소승적 앎과 지향의 목표가 사라질 때 진정한 대승의 경지가 새로 전개되는 것이죠. "무지역무득"이야말로 부정에서 긍정으로 넘어가게 되는 반야의 추뉴라고 말할 수 있을 것입니다. 그래서 공포가 없고 전도몽상이 없는 진실불허한 신세계가 전개되는 것입니다.

우리나라 팔만대장경 경판의 『심경』에는 무 자가 "無"와 "无"가 번갈아 쓰였는데 기실 특별한 원칙 같은 것은 찾아볼 수 없습니다. 사람들이 읽기 편하게 하기 위하여 리드믹하게 배열한 것 같습니다. 고려대장경을 판각한 사람들의 심미적 감각을 엿볼 수 있는 측면이기도 합니다. 다음 강의 "가애"의 애도 가장 간략한 "旱"를 썼습니다.

제7강 보리살타에서 삼먁삼보리까지

菩提薩埵, 依般若波羅蜜多故, 心無罣礙。
보 리 살 타   의 반 야 바 라 밀 다 고   심 무 가 애

無罣礙故, 無有恐怖, 遠離顛倒夢想, 究竟
무 가 애 고   무 유 공 포   원 리 전 도 몽 상   구 경

涅槃。三世諸佛, 依般若波羅蜜多故, 得阿
열 반   삼 세 제 불   의 반 야 바 라 밀 다 고   득 아

耨多羅三藐三菩提。
녹 다 라 삼 먁 삼 보 리

보리살타 즉 보살은 반야바라밀다에 의지하는 고로, 마음에

걸림이 없고 장애가 없다. 마음에 걸림이 없고 장애가 없는 고로, 공포가 있을 수 없다. 그래서 전도된 의식과 꿈같은 생각들을 멀리 벗어나 버리고, 끝내 열반에 도달한다. 과거·현재·미래의 모든 부처님이 반야바라밀다에 의지하는 고로 무상의 정등각을 얻는다.

보리살타가 주어가 된다

이 단락도 현장의 번역에 기준하여 아주 간략하게 설명하겠습니다. 여기 주어가 "보리살타bodhisattva"(깨달음을 지향하는 유정有情. 깨달음의 가능성을 지닌 보통사람, 즉 싯달타와 같은 깨달음을 얻는 사람)로 되어있다는 것이 중요합니다. 보리살타의 약어가 곧 "보살"이며 그것은 대승운동의 주체입니다. 아라한을 뛰어넘는 새로운 불교의 주체입니다. 결국 반야경의 핵심인 『심경』이 설파된 것은 보살에게 설파된 것이고, 그 설파된 내용의 최종적 수혜자는 비구가 아닌 보살입니다. 대승의 수혜자가 되려면 비구도 보살이 되어야만 합니다. 보살을 주어로 했을 때, 어떤 일이 최종적으로 벌어지는가?

보리살타, 즉 모든 보살은 반야바라밀다를 이해했고 그 원리에 의지하여 살아가는 고로, 마음에 일체의 걸림이나 장애가 없습니다. "무가애無罣礙"라는 뜻은 걸리거나 장애가 있거나 하지 않는다는 뜻이지요. 마음에 뭐가 "걸린다," "바위같은 것이 꽉 막고 있다," 정말 괴로운 인생이지요. 나도 요즈음 "고소되었다"는 이야기를 들은 후로 솔직히 평온하고 아름다웠던 마음이 가애罣礙로 꽉 차게 되었습니다.

경찰서에 소환당해 조서를 쓸 생각은 가애가 아닐 수 없습니다. 반야바라밀다의 진정한 실천자라고 한다면 이러한 가애를 극복해야겠지요. 그래서 나는 지금 이 글의 종이원고 위에 죽으라고 만년필을 굴리고 있는지도 모르겠습니다.

공포와 몽상

자아~ 가애가 없어지면 어떻게 될까요? 보살은 마음에 걸림이 없고 장애가 없기 때문에, "공포恐怖"가 사라집니다. 공포란 무엇일까요? 공포란 결국 나의 생명이 위협을 받을 수 있다는 생각이지요. 다시 말해서 신체적 위협은 매우 직접적인 공포이지요. 다음으로 재산이 없어질 것 같다, 이것도 공포지요. 또 있습니다. 명예가 실추될 것 같다. 이것도 공포지요. 또 있지요. 권세를 잃어버릴 수도 있다! 내 아름다운 얼굴이 늙어서 추하게 될 수 있다! 이러한 공포 때문에 인간은 세속의 악바리 같은 집념에 매달리지요. 그러나 반야의 완성을 체득한 사람에게는 이러한 공포가 없다! 이 얼마나 위대한 축복입니까? 공포가 없을 뿐이 아니지요. 전도顚倒된 몽상夢想을 멀리 떠나게 된다는 것이지요. 전도란 무엇입니까? 거꾸로 보인다는 뜻이지요. 몽상이란, 현실이 아닌, 망념에 의하여 지어내는 환상이지요. 공포에는 외마外魔가 있고 내마內魔가 있습니다. 내마는 꼭 몽상을 지어내게 마련이지요.

동네 BYC내복상 대화

내가 요즈음 내복을 하도 오래 입다 보니 고무줄이 다 삭아버려서 오랜만에 동네 내복상점에 갔어요. 내복을 좀 사려고요. 그런데 20여

년 안면이 있는 주인청년이 날 붙잡고 호소를 해요.

"선생님! 이거 나라가 잘못되는 거 아닙니까?"

"왜?"

"문 대통령이 너무 정치를 못하는 거 같아요."

"왜?"

"김정은을 자꾸 만나서 나라를 팔아넘기려고 하고 있잖아요. 그래서 장사도 안돼요."

"팔아넘긴다니 누가 그런 말 하던가?"

"태극기집회 나가는 사람들이 점포에 많이 오는데 다 그렇게 말해요."

"그건 그 사람들 생각이고, 자네가 뭘 확인해본 것이 있나? 자네도 자식이 셋이나 있는데, 그 자식들이 분열과 전쟁에 시달리는 세월을 살기를 원하는가?"

"물론 아니죠."

"우리가 전쟁의 공포에서 벗어나는 길은 같은 동포끼리 적이 되는 것이 아니라 친구가 되는 길이라는 것을 생각해보지 않았는가?"

"아~ 그렇게 되면 좋죠."

"그렇다면 트럼프가 되었든 김정은이 되었든 문 대통령이 되었든 평화의 달성을 위해 만나고 뭔가 이야기를 주고받는 모습이 좋아 보이지 않나? 우리가 그런 노력을 격려해주어야 하지 않겠나? 그런데 나라를 팔아먹는다니! 생각해보게! 우리의 국력이 강한가? 북한이 강한가? 자네는 모든 것을 거꾸로 생각하고 있어! 꿈꾸지 말란 말야! 몽상하지 말란 말야! 주도적으로 세계를 이끌어갈 수 있는 힘이 바로 우리 민중에게 있네. 꿈꾸지 말게! 우리는 남북이 하나가 되어야 하고, 전도몽상에서 멀리멀리 벗어나야 하네."

"네, 알겠습니다. 선생님 말씀대로 고쳐 생각하겠습니다."

이 마을청년이 궁극적인 관심을 갖는 것은 북한의 공산주의나 남한의 민주주의가 아니겠지요. 단지 "요즈음 장사가 잘 안된다"는 얘기에요. 시대변화(사회변화)에 수반되는 제반 요소 때문에 초래된 생계와 관련된 현상이지요. 다시 말해서 그 청년의 궁극적 관심은 "이념Ideology"이 아니라 "삶Life"입니다. "잘살면" 되는 것이죠.

그러나 우리가 잘살기 위해서는 오히려 모든 이념에서 벗어나야 합니다. 반공이념이 우리에게 밥을 먹여주지는 않지요. 바로 모든 이념에서 벗어난다고 하는 것이 반야의 부정이었습니다. 지혜의 완성을 위해서는 기존의 모든 이념이 부정되어야 하는 것입니다. 우리가 건설해야 할 것은 그냥 살기 좋은 나라이지, 이데올로기적 이데아에 복속되는 나라가 아닙니다. 삶이 이념을 지배해야지, 이념이 삶을 지배할 수 없습니다. 이념이 삶을 지배하는 사회, 이것을 반야의 지혜는 "전도顚倒"라고 부르는 것이죠. 프랑스의 심리학자 라캉Jacgues Lacan, 1901~1981(프로이드를 재해석한 정신분석학 학자)이 말하는 "대타자의 욕망"도 이『심경』의 "전도"를 현대인의 감각에 맞게 표현한 것이죠. 현장도 유식학唯識學의 대가로서 라캉 이상의 자세한 식이론을 가지고 있었지요. 그래서 "몽상"이라는 말을 첨가한 것 같아요.

남과 북은 한 민족이며 한 동포이며 한 가족이며, 역사와 풍속, 문화를 공유합니다. 우리가 통일되면(화해·교류·주체적 소통) 당장 전쟁의 공포가 사라지며, 시장이 확대되고, 외교적 위상이 높아지고, 주체적 활동영역이 늘어나며, 중국과 러시아대륙과의 활로가 활성화되며, 유라시아대륙의 한 기축으로서의 조선대륙의 위엄이 생겨납니다. 이러한 구체적 실리를 못 보게 하고 전쟁의 공포와 이념적 잔혹함만을 상기시키는 정치인들을 과연 정치인이라 말할 수 있습니까? 현재의 상태에서 이득을 보고있는 세력은 현재의 상태를 고착시키려고 노력합니다. 그런 것을 우리는 "보수"라고 부릅니다. 무상無常을 상常으로 생각하고, 가유假有를 진유眞有로 생각하고, 변화를 불변으로 착각하는 보수의 그릇된 견해가 중생을 공포恐怖에 떨게 하고, 전도顚倒된 생각을 갖게 하며 꿈같은 허망한 상념에 사로잡히게 만드는 것이죠. 보수여 가라! 껍데기는 꺼져라!

구경열반

원리전도몽상遠離顚倒夢想(전도된 몽상으로부터 멀리 떠난다) 하면 어떻게 될까요? "구경열반究竟涅槃"케 되는 것입니다. 여기 "구究"는 "궁극적으로"라는 부사입니다. "경竟"은 "도달한다"는 동사입니다. 궁극적으로 열반에 도달케 된다는 것이지요. 열반이란 "불이 꺼진 상태"를 말합니다. 욕망의 불길, 전쟁의 불길이 다 꺼진 상태, 우리에게 통일이야말로 "열반"이 아닐 수 없습니다. 결국 전쟁이라는 것은 인간의 욕망의 불길, 앞서 말한 4가지 공포에서 유래되는 욕심의 불길이 만드는 것입니다.

전쟁을 통해서라도 자기 권력을 유지하고 싶어하는 무명無明의 인간들 때문에 전쟁이 발생하는 것이지요. 히틀러 같은 사람은 대표적인 인물이지요. 그런데 우리나라에서 반공을 열렬히 외치고 통일을 반대하는 사람들은 대체적으로 히틀러 같은 성격이 있습니다. 앞으로 이 나라를 걸머지고 갈 젊은 세대들은 이러한 조잡하고 엉뚱하고 야비한 논리로부터 근원적으로 해탈되어야 합니다. 그것이 『반야심경』이 우리민족의 현실에 제시하는 지혜입니다. 의식의 혁명이 없이는 이 나라의 미래가 없습니다.

무상정등각

다음에 "삼세제불三世諸佛"이라는 말이 나옵니다. 삼세란 과거·현재·미래인데, 지금 우리가 쓰는 이 시제용어 자체가 불교에서 유래된 것입니다. 삼세제불은 시간과 더불어 영속하는 모든 각자覺者들을 말합니다. 보리살타를 주어로 시작하여 구경열반, 열반에 마침내 이르렀으니, 주어는 각자인 "삼세제불"로 바뀌지요. 삼세제불은 반야바라밀다에 의지하는 고로 아뇩다라삼먁삼보리를 얻는다. "아뇩다라삼먁삼보리"는 단지 "anuttarā samyak-saṃbodhi"의 음역이니까 어려울 것이 하나도 없어요. "위가 없는 완전한 깨달음"이라는 뜻이죠. 최상의 깨달음이라는 뜻이지요. "무상정등각無上正等覺"이라고 의역됩니다(무상정등정각無上正等正覺이라고도 한다). 아가 무無이고, 뇩다라가 상上이고, 삼먁이 정正이고, 삼이 등等, 보리가 각覺입니다. 더 이상이 없는 바르고 평등한 깨달음이라는 뜻이지요.

일본의 사찰에서 외우는 『반야심경』에는 원리遠離와 전도顚倒 사이에 "일체一切"라는 말이 들어가 있습니다. 그래서 일본에서는 누구든지 『심경』을 262자라고 말합니다. 그러나 "일체"는 췌언입니다. 고려제국 대장경본에도, 대정대장경본에도 없습니다.

故知般若波羅蜜多, 是大神呪, 是大明呪,
고 지 반 야 바 라 밀 다   시 대 신 주   시 대 명 주

是無上呪, 是無等等呪。能除一切苦, 眞實
시 무 상 주   시 무 등 등 주   능 제 일 체 고   진 실

不虛故。
불 허 고

그러므로 그대들은 다음의 사실을 숙지해야 할 것이다: 반야바라밀다야말로 크게 신비로운 주문이며, 크게 밝은 주문이며,

더 이상 없는 주문이며, 비견할 바 없는 뛰어난 주문이라는
것을! 이 주문이야말로 일체의 고를 제거할 수 있다. 진실한
것이요, 허망하지 않기 때문이다.

무등등주

그리고 최종적으로 말합니다. "지知"는 전체에 걸리는 동사입니다.
"그러므로 알지어다. 다음의 사실들을 ……" 하는 식의 구문이지요.
영어로 말하자면 "Therefore you should know that ……"과 같은 식이
지요. 무엇을 알아야 하나요? 반야바라밀다야말로 위대하게 신령스
러운 주문이며, 위대하게 밝은 주문이며, 그 이상이 없는 주문이며,
비견할 바 없는 뛰어난 주문이라는 것을!

이것은 결코 반야바라밀다를 주문화 하거나 주술적으로 만드는 밀
교적 장치가 아닙니다. 주문mantra이라는 것은 인간의 논리로 다 설
명할 수 없는 것을 시적인 암호로 표현하는 노래와 같은 것이며, 사
실 리그베다와 같은 인도 고유의 경전 전체가 주문이라고도 말할 수
있는 것입니다. 전부가 암송된 것이기 때문이죠. 사실 "브라만"이라는
신의 이름도 "만트라"와 어원을 공유한다고 합니다.

우리가 보아왔듯이 『반야심경』 260자의 내용은 너무도 광대하고
강력합니다. 그것은 초언어적인 언어로 암호화 되어 우리의 기억·상
상력의 세포를 자극시켜줄 수 있다면 얼마나 좋을까, 그런 생각을 당
연히 하게 되지요. 바라문계열의 지식인들이 대승교단에 수행승으로
들어오게 되면서 이러한 만트라가 성행하게 되었다고 해요. 여래의

진실한 말이라 하여 "진언眞言"이라고도 하지요. 반야바라밀다야말로 주문 중의 최상의 주문이 아닐 수 없습니다. 딴 것은 제가 해설할 것이 없어요. 그런데 마지막의 "무등등주無等等呪"는 좀 다양한 해석이 있을 것 같군요.

전남 광주에 가면 서석瑞石이 있는 무등산無等山이 있는데 "주변에 맞먹을 산이 없는 산"이라는 뜻입니다. "등等"은 같다는 뜻이니까, "무등"은 "같지 않다"는 뜻이죠. 그러니까 "무등등주"라 하면 앞의 등은 무와 결합하여 맞먹을 것이 없는, "최상의"라는 뜻을 나타냅니다. 그러나 뒤의 "등等"은 같은 등이지만 그 자체로 "뛰어나다" "평등하다" "모든 것에 통한다"는 의미를 갖습니다. "무등등주"란 그런 뜻입니다. 그러나 범어 원문에 즉해서 설명하면 "등"이 그 의미를 강조하기 위하여 두 번 반복된 것입니다. 같고 같은 주문이 있을 수 없다는 뜻이죠. 콘체는 그냥 "the unequalled spell"이라고 번역했습니다.

도일체고액과 능제일체고

크게 신비롭고, 크게 밝고, 더없는, 비견할 바 없는 이 주문은, 이 주문을 외우는 사람에게 위대한 선물을 가져다 주지요. 이 무등등주는 일체의 고를 제거시키는 기능을 가지고 있습니다. 재미있는 것은 『심경』의 첫머리가 바로 "도일체고액度一切苦厄"으로부터 시작했다는 사실이죠. 그런데 『심경』은 또다시 "능제일체고能除一切苦"라는 결구로 끝맺음하고 있다는 것입니다.

처음에는 관세음보살의 경지를 나타냈지만, 마지막 구절은 모든 보살, 지혜의 완성을 추구하는 모든 보살들의 삶의 문제로 귀착되고 있습니다. 『반야심경』을 이해하고 주문을 독송하면 곧 일체의 고가 사라진다는 것이죠. 그러기에 이 주문이야말로 "진실불허眞實不虛" 하다는 것이죠.

도가에서는 허를 긍정적인 의미로 쓰지만 불가에서는 부정적인 의미로 많이 씁니다. 진실되어 허망되지 않다는 뜻이죠. 진·가의 이원론이 전제되어 있는 인도유러피안 사고의 일단을 볼 수 있습니다. 반야의 혁명에 몰입하게 되면 전도몽상이 사라진 진실불허한 세계가 면전에 등장하는 것이죠. 그리고 일체의 고가 사라지는 것이죠.

끝의 "고故"를 다음 단락의 시작으로 붙여 읽는 것이 보편화되어 있으나, 문맥상 "진실불허"는 "능제일체고"와 함께 반야바라밀다의 주문을 수식하는 구문으로 읽는 것이 더 명료합니다. (팁: 『반야심경』을 외우고 싶은 사람은 유튜브에 올라있는 "반야심경 리믹스"를 들어보세요.)

제9강 설반야에서 보리사바하까지

說般若波羅蜜多呪, 卽說呪曰: 揭帝揭帝,
설 반 야 바 라 밀 다 주 즉 설 주 왈   아 제 아 제

般羅揭帝, 般羅僧揭帝, 菩提僧莎訶。
바 라 아 제 바 라 승 아 제 보 리 사 바 하

마지막으로 반야바라밀다의 주문을 말하겠습니다. 곧 그 주문은 다음과 같이 설하여집니다: "아제아제, 바라아제, 바라승아제, 보리사바하."

우선 "아제아제, 바라아제, 바라승아제, 보리사바하"라는 주문은
단지 음역일 뿐이므로 한자상의 의미는 없습니다. 그래서 아주 다양
한 음역표기가 있으나, 나는 고려대장경의 현장본을 따랐습니다. 그
리고 발음은 우리 절깐에서 흔히 독송하는 발음을 썼습니다. 사계
의 권위자인 나카무라 하지메中村元 박사는 우리 고려장경의 텍스트
를 그대로 썼습니다. 보통 일본에서는 "羯諦羯諦, 波羅羯諦, 波羅僧
羯諦, 菩提薩婆訶"라는 음역도 많이 쓰는 것 같습니다. 우리나라 절
깐에서는 보통 마지막 구절을 "보리사바하菩提娑婆訶"로 표기하지요.
"승사하僧莎訶"도 고대의 발음은 "스바하"의 발음이 났던 모양이에요.

그 원래 발음은 매우 명료합니다.

가떼 가떼 빠라가떼 빠라상가떼 보드히 스바하
gate gate pāragate pārasaṃgate bodhi svāhā

이 산스크리트어의 뜻은 비록 주문이지만 명료한 뜻이 있습니다.
그것을 번역하면 다음과 같습니다.

건너간 자여	아제
건너간 자여!	아제
피안에 건너간 자여!	바라아제
피안에 완전히 도달한 자여!	바라승아제
깨달음이여! 평안하소서!	보리 사바하

마지막의 "스바하"는 "행복하소서!" "만세!"의 뜻으로 인도인들이 인사말로 흔히 쓰는 용어입니다. 모든 만트라나 다라니는 "스바하"라는 결어로 맺는 형식을 취하는 것이 보통입니다.

이 주문은 종교적 주술로서 해석되면 곤란합니다. 여기 숨은 주어는 당연히 관세음보살입니다. 건너간 자, 지혜의 완성에 도달한 자는 관세음보살입니다. 관세음보살이 누구입니까? 나는 이 텍스트의 첫머리에서 이 『심경』을 읽고 있는 바로 여러분 자신이라고 설파했습니다. 이 『심경』은 궁극적으로 내가 나에게 설파하고 있는 것입니다. 그러나 동시에 관세음보살이 누구입니까? "나"가 누구입니까? 이 나는 바로 보살혁명, 새로운 반야혁명의 주체세력입니다. 보리 사바하! "깨달음이여! 평안하소서!"라는 뜻은 보살혁명의 주체세력들에게 바치는 헌사eulogy입니다. 여러분! 여러분들은 이 주문을 외우면서 바로 여러분들의 시공간 속에서 새로운 보살혁명을 만들어 내야만 하는 것입니다. 그것이 "반야"의 궁극적 의미이겠지요.

5
장

에필로그

　20대 초반에 나를 사로잡은 경전, 더불어 살아온 지 어언 반세기, 그 50년의 통찰을 꼭 글로 써서 남겨야겠다는 사명감이 있었지만, 그 통찰을 글로 옮기는 과정은 솔직히 말해서 나에겐 처참한 투혼의 발로였다. 나의 발언의 형식으로 KBS「도올아인 오방간다」에서 국민 모두에게 방영된 내용을 가지고 이승만 전 대통령의 양아들 이인수 박사가 날 고소했다는 것이다. 고소가 뭐 그렇게 대단한 일이냐고 웃어넘기는 사람들도 있겠지만 우리같이 오직 학문에만 전념하고 살아온 사람들에게(내 평생 사적이든 공적이든 일체 "장"자리에 앉은 적이 없다)는 그 번거로운 프로세스가 한없는 모멸감과 배신감, 그리고 울분의 심사를 끓게 만든다.

　마음 편하게 해탈된 경지에서 써야만 할 글을, 밤낮을 가리지 않고,

어릴 적 내 친구가 폐병으로 피를 토하여 죽어가던 그 모양으로 썼다. 이것은 한 달 만에 피로 쓴 글이다. 혜화경찰서에 출두하여 조서를 쓰기 전에 이 글을 끝내지 못하면 도저히 끝내지 못할 것 같아(내 서고에는 그렇게 중도에 끝나버린 원고가 너무도 많다) 가슴을 졸이며 썼다. 다행히 경찰서 가기 전 열흘 시점에 원고를 탈고하고 나니, 후련하다는 느낌보다는 왠지 가슴이 울렁거린다. 가슴에 맺힌 분노가 아직도 가시지 않은 것이다. 반야의 지혜를 얻기 위하여 그토록 필사적으로 운필했는데 나는 번뇌의 불길을 아직 끄지 못했나 보다! 오호라! 화엄의 진리는 이렇게 설파하지 않았는고? 번뇌야말로 열반이라고! 번뇌가 나의 삶의 축복일까?

  오도송은 죽을 때까지 계속 써야할 것 같다. 너무도 처절하게 죽어간 무수한 우리현대사의 원혼들이 나의 영혼을 붙들고 울부짖고 있는 한, 나는 해탈을 할 수 없을 것이다. "스바하"의 노래도 부를 수 없을 것 같다.

  나는 외친다. 촛불혁명은 반야혁명이다. 반야혁명이 될 때만이 우리는 통일된다. 우리 조선민족의 마음이 하나로 통일되는 그날을 위하여 이 책을 소리 없는 민중에게 바친다. 오늘도 슬픈 하루가 저물고 있다.

2019년 7월 8일
오후 6시
낙송암에서

내 서재에 꽂혀있는 책에 한하여, 그리고 내가 이 책 쓰는데 직접적으로 도움을 준 책에 한하여 리스트를 작성하였다. 내가 이 책을 쓰는데 가장 큰 영향을 준 사상가는 미즈노 코오겐水野弘元, 히라야마 아키라平山彰, 카지야마 유우이찌梶山雄一 이 세 분이다. 그리고 텍스트에 관해서는 나카무라 하지메中村元 선생의 책이 큰 도움이 되었다. 내가 유학하던 시절에는 다 살아 계셨는데 나카무라 선생님 외로는 찾아뵙지 못했다. 그리고 훌륭한 사전을 만들어주신 운허 스님, 지관 스님께 감사를 드린다. 그리고 동국대학교 인도철학과를 나온, 고익진 선생의 제자 남호섭군의 꼼꼼한 지적이 나에게 큰 도움을 주었다. 나는 여기에 실린 모든 분들에게 큰 은혜를 입었다. 스바하.

【사전류】

1. 耘虛龍夏 著.『佛敎辭典』. 서울: 동국역경원, 1998.

2. 中村元・福永光司 등 편.『岩波佛敎辭典』. 東京: 岩波書店, 1989.

3. 中村元 著.『佛敎語大辭典』. 東京: 東京書籍, 1981.

4. 荻原雲來 編纂.『漢譯對照 梵和大辭典』. 東京: 講談社, 1986.

5. 禪學大辭典編纂所 編.『新版禪學大辭典』. 東京: 大修館書店, 1996.

6. 智冠 編著,『伽山佛敎大辭林』, 총 22권. 서울: 가산불교연구원, 1998년부터 지금까지 계속 간행되고 있음.

7. 村上眞完・及川眞介.『パーリ佛敎辭典』. 東京: 春秋社, 2009.

【원전류】

1. 高楠順次郎 編.『大正新脩大藏經』제5책~제8책.

2. 中村元 編.『大乘佛典』. 東京: 筑摩書房, 1982.

3. 譯經委員會.『한글대장경 大般若經』전20권. 서울: 東國譯經院, 1988.

4. 김수진·이창섭 옮김.『한글대장경 道行般若經 外』. 서울: 동국역경원, 2002.

5. 宋先偉 主編.『道行般若經』上·下. 北京: 大衆文藝出版社, 2004.

6. 박이오 역.『팔천송반야경』. 서울: 운주사, 2018.

7. 慧潭 至常 譯.『大品摩訶般若波羅蜜經』上·下. 서울: 불광출판부, 1992.

8. 鶴潭 편역.『팔천송반야경』. 서울: 푼다리카, 2019.

9. 梶山雄一 譯.『大乘佛典 ― 八千頌般若經』전2권. 東京: 中公文庫, 2012.

10. 龍樹 著. 김성철 역주.『中論』. 서울: 경서원, 1993.

【논저류】

1. 御牧克己 編.『梶山雄一著作集第2卷 ― 般若の思想』. 東京: 春秋社, 2012.

2. 梶山雄一.『空の思想 ― 佛教における言葉と沈默』. 京都: 人文書院, 1983.

3. 矢島羊吉.『空の哲學』NHKブックス. 東京: 日本放送出版協會.

4. 梶山雄一.『般若經 ― 空の世界』. 東京: 中公新書, 1983.

5. 平川彰・梶山雄一 外 編纂.『講座大乘佛敎1 — 大乘佛敎とは何か』. 東京:春秋社, 1981.

6. 平川彰・梶山雄一 外 編纂.『講座大乘佛敎2 — 般若思想』. 東京: 春秋社, 1983.

7. 中村元・紀野一義 譯註.『般若心經・金剛般若經』. 東京: 岩波書店, 1997.

8. 李箕永 번역・해설.『반야심경・금강경』. 서울: 한국불교연구원, 1997.

9. 鎌田茂雄.『般若心經講話』. 東京: 講談社, 1989.

10. 渡邊章悟.『般若心經: テクスト・思想・文化』. 東京: 大法輪閣, 2018.

11. 玄侑宗久.『現代語譯般若心經』. 東京: 筑摩書房, 2016.

12. 水野弘元 著.『原始佛敎』. 京都: 平樂寺書店, 1981.

13. Junjiro Takakusu. *The Essentials of Buddhist Philosophy*. Honolulu: University of Hawaii, 1956.

14. 高楠順次郎 原著. 藍吉富 譯.『佛敎哲學要義』. 臺北: 正文書局, 1971.

15. 히라카와 아키라. 이호근 옮김.『인도불교의 역사』상・하. 서울: 민족사, 1994.

16. 平川彰 著.『初期大乘佛敎の研究』. 東京: 春秋社, 1969.

17. 平川彰.『般若心經の新解釋』. 東京: 世界聖典刊行協會, 1982.

18. 上山春平・梶山雄一 編.『佛敎の思想』. 東京: 中公新書, 1979.

19. 渡邊照宏 著.『佛敎』. 東京: 岩波書店, 1989.

20. 立川武藏.『空の思想史』. 東京: 講談社, 2012.

21. 入矢義高 譯註.『臨濟錄』. 東京: 岩波文庫, 1997.

22. 塚本啓祥 著. 睦槇培 譯.『佛教史入門』. 서울: 동국대학교 부설 역경원, 1988.

23. 橫山紘一.『唯識思想入門』. 東京: 第三文明社, 1989.

24. Edward Conze, *Buddhist Wisdom Books*. London: Mandala, 1988.

25. Edward Conze, *Thirty Years of Buddhist Studies*. New Delhi, 2008.

26. Edward Conze. *Buddhism: its essence and development*. New York: Harper Colophon Books, 1975.

27. Edward Conze, *Buddhist Texts Through Ages*. New York: Harper Torchbooks, 1964.

28. 공빈 지음. 허강 옮김.『구마라집 평전』. 서울: 부키, 2018.

29. 董群 釋譯.『從容錄』. 高雄市: 佛光山宗務委員會, 2016.

30. 석지현 역주·해설.『종용록』전5권. 서울: 민족사, 2015.

31. 唐嘉 著.『道行般若經格義研究』. 北京: 北京時代華文書局, 2018.

【불교미술사】

1. 高田修 著.『佛像の起源』. 東京: 岩波書店, 1967.

2. 高田修 著.『佛像の誕生』. 東京: 岩波新書, 1987.

3. 宮治昭.『インド美術史』. 東京: 吉川弘文館, 2009.

4. 宮治昭.『ガンダーラ佛の不思議』. 東京: 講談社, 1996.

5. 西村公朝.『佛像の再發見』. 東京: 吉川弘文館, 2008.

6. 宮治昭.『佛像學入門』. 東京: 春秋社, 2013.

7. 宮治昭.『佛像を讀み解く』. 東京: 春秋社, 2016.

【한국불교】

1. 李智冠 編著.『伽倻山海印寺誌』. 서울: 가산불교문화연구원출판부, 1992.

2. 보조사상연구원 편집.『普照全書』. 송광사: 佛日出版社, 1989.

3. 김형효·길희성 外.『知訥의 사상과 그 현대적 의미』. 성남: 한국정신문화연구원, 1996.

4. 강건기 지음.『보조국사 지눌의 생애와 사상』. 송광사: 불일출판사, 2010.

5. 보조국사열반800주년기념사업회.『보조국사의 생애와 사상』. 송광사: 불일출판사, 2011.

6. 金瑛泰 著.『西山大師의 生涯와 思想』. 서울: 博英社, 1985.

7. 西山 著. 法頂 譯.『禪家龜鑑』. 서울: 弘法院, 1971.

8. 靜山 法眞 譯註.『서산의 三家龜鑑·禪敎釋·禪敎訣』. 서울: 한국불교禪理研究院, 2008.

9. 청허 휴정 지음. 박재양·배규범 옮김.『선가귀감』. 서울: 예문서원, 2003.

10. 신지견.『서산사상과 신자유주의』. 서울: 화은각, 2008.

11. 진관 著.『조선僧軍의 임진왜란 참여연구』. 서울: 한강출판사, 2017.

12. 서산대사 지음.『서산대사집』상·하. 서울: 한국불교연구원, 2012.

13. 청허 휴정. 이상현 옮김.『청허당집』. 서울: 동국대학교출판부, 2016.

14. 경허 성우. 이상하 옮김.『경허집』. 서울: 동국대학교출판부, 2016.

15. 鏡虛惺牛禪師法語集刊行會.『鏡虛法語』. 서울: 人物研究所, 1981.

16. 윤청광 지음.『BBS고승열전 경허 큰스님』. 서울: 우리출판사, 2011.

17. 일지 글.『경허 ― 술에 취해 꽃밭에 누운 선승』. 서울: 민족사, 2012.

18. 釋明正 역주.『鏡虛集』. 통도사: 극락선원, 1990.

19. 滿空門徒會 편찬.『滿空法語』. 수덕사: 덕숭총림, 1986.

20. 대한불교조계종 교육원 불학연구소 편.『불교정화운동의 재조명』. 서울: 조계종출판사, 2008.

21. 김광식.『근현대불교의 재조명』. 서울: 민족사, 2000.

22. 金光植 著.『韓國近代佛教史研究』. 서울: 민족사, 1996.

23. 金光植 著.『韓國近代佛教의 現實認識』. 서울: 민족사, 1998.

24. 退翁 性徹 지음.『禪門正路』. 서울: 佛光出版部, 1981.

25. 명진 지음.『힘 좀 빼고 삽시다』. 서울: 다산책방, 2019.

26. 고익진 지음.『불교의 체계적 이해』. 서울: 광륵사, 2015.

27. 고익진 편역.『한글아함경』. 서울: 동국대학교출판부, 2000.

28. 도올 김용옥 지음.『話頭, 혜능과 셰익스피어』. 서울: 통나무, 1998.

29. 도올 김용옥 지음.『달라이라마와 도올의 만남』전3권. 서울: 통나무, 2002.

30. 도올 김용옥 지음.『도올 김용옥의 금강경강해』. 서울: 통나무, 2003.

스무살, 반야심경에 미치다

2019년 7월 25일 초판 발행
2023년 4월 15일 1판 7쇄

지은이 / **도올 김용옥**

펴낸이 / 남호섭

편집책임 / 김인혜

편집·제작 / 오성룡, 임진권, 신수기

표지디자인 / 박현택

인쇄판출력 / 토탈프로세스

라미네이팅 / 금성L&S

인쇄 / 봉덕인쇄

제책 / 강원제책

펴낸곳 / 통나무

주소: 서울시 종로구 동숭동 199−27

전화: (02) 744−7992

팩스: (02) 762−8520

출판등록 1989. 11. 3. 제1−970호

값 15,000원